En couverture :

Dessin de Corinne VENOT, d'après une figurine yoruba du Nigéria représentant un couple d'Edan (Musée des Arts Africains et Océaniens, n M.N.A.N. 69.8.1).

PHONOLOGIE DU KIFULIRU

BIBLIOTHEQUE DE LA SELAF
94

Francis JOUANNET

PHONOLOGIE DU KIFULIRU
(langue bantoue du groupe J)

SELAF
SOCIÉTÉ D'ÉTUDES LINGUISTIQUES ET ANTHROPOLOGIQUES DE FRANCE
5, rue de Marseille - 75010 PARIS

1984

L A C I T O
LABORATOIRE DE LANGUES ET
CIVILISATIONS A TRADITION ORALE
27, rue Paul Bert
94204 IVRY-CEDEX (France)

Département AFRIQUE
Section BANTOU-EST

ISSN : 0755-9305
ISBN : 2-85297-117-8

RÉSUMÉS

Francis JOUANNET - Phonologie du kifuliru
1984, Paris, SELAF (Bibliothèque de la SELAF 94)

Les Bafuliru (bàfùlìrú) habitent dans la zone d'Uvira qui appartient au Sud-Kivu, province située à l'est du Zaïre dans la région des Grands Lacs sur la dorsale qui sépare les basses terres de la cuvette zaïroise et le fossé d'effondrement de l'Est africain.

Les Bafuliru parlent le kifuliru (kìfùlìrú). Le parler étudié est celui de Lemera, village situé au nord-ouest dans la zone d'Uvira. Cette langue est classée par Guthrie sous le sigle D64, et par les études de Lolemi dans le groupe J (J54) qui rassemble un certain nombre de langues des zones D et E du précédent auteur.

L'analyse phonologique s'inspire des principes préconisés par A. Martinet. Avant d'établir la structure syllabique de cette langue, l'auteur propose une discussion qu'il organise en plusieurs chapitres. Le premier présente la distribution des éléments consonantiques et le deuxième l'analyse paradigmatique de ces mêmes unités distinctives. Le chapitre III, qui concerne les éléments vocaliques, n'est pas structuré de la même façon que les deux précédents. En effet, l'analyse distributionnelle des voyelles n'est pas si complexe qu'elle nécessite d'y consacrer un chapitre entier. Le chapitre IV envisage la prosodie du kifuliru. Il y est démontré que le nombre imposant de registres phonétiques se réduit à deux tons pertinents.

Francis JOUANNET - Phonology of Kifuliru
1984, Paris, SELAF (Bibliothèque de la SELAF 94)

The Bafukiru (bàfùlìrú) live in the Uvira zone of South Kivu, a province in Eastern Zaire in the Great Lake region.

The Bafuliru speak Kifuliru (kìfùlìrú). The variety studied here is that of Lemera, a village in the North-East of the Uvira zone. Guthrie classified this language as D64 and Lolemi in the group J (J54) which comprises a number of languages of zones D and E of Guthrie's classification.

The phonological analysis follows the principles of A. Martinet. An argumentation in several chapters precedes setting of syllabic structure. The first chapter presents the distribution of consonant elements and the second a paradigmatic analysis of them as distinctive units. Chapter III which deals with vowel units is not structured in the same way, the distributional analysis of vowels is not so complex as to require a whole chapter. Chapter IV deals with prosody in which it is proved that the numerous phonetic pitches may be reduced to two distinctive tones.

Francis JOUANNET - Fonología del kifuliru
1984, Paris, SELAF (Bibliothèque de la SELAF 94)

Los Bafuliru (bàfùlìrú) viven en la zona de Uvira que pertenece al Sur-Kivu, provincia situada al este del Zaire en la región de los Grandes Lagos, en la dorsal que separa las tierras bajas del hondón zairense y la zanja de hundimiento del Este africano.

Los Bafuliru hablan el kifuliru (kìfùlìrú). El habla estudiada es la de Lemera, pueblo situado al noroeste en la zona de Uvira. Guthrie clasifica esta lengua bajo la sigla D 64 ; los estudios de Lolemi la ponen en el grupo J (J54), que reune un cierto número de lenguas de las zonas D y E del precedente autor.

El análisis fonológico se inspira de los principios preconizados por A. Martinet. Antes de establecer la estructura silábica de este lengua, el autor propone una discusión organizada en varios capítulos. El primero presenta la distribución de los elementos consónanticos y el segundo el análisis paradigmático de estas unidades distintivas. El capítulo III, que concierne los elementos vocálicos, tiene una estructura diferente de la de los dos primeros. En efecto, el análisis distribucional de las vocales no es tan complejo como para necesitar que se le dedique un capítulo entero. El capítulo IV considera la prosodia del kifuliru. Se demuestra que el número imponente de registros fonéticos se reduce a dos tonos pertinentes.

Francis JOUANNET - Phonologie des Kifuliru
1984, Paris, SELAF (Bibliothèque de la SELAF 94)

Die Bafuliru (bàfùlìrú) wohnen in dem Einzugsbereich von Uvira, der zu Süd-Kivu, einer Provinz im Osten von Zaïre, gehört, in dem Gebiet der Grossen Seen, auf dem Bergrücken, der das Tiefland des zaïrischen Beckens und den Grabenbruch voneinander trennt.

Die Bafuliru sprechen Kifuliru (kìfùlìrú). Die untersuchte Sprache ist die von Lemera, einem Dorf, das im Nordwesten des Einzugsbereiches von Uvira liegt. Diese Sprache wird von Guthrie unter der Abkürzung D64 geführt und in den Studien von Lolemi unter der Gruppe J (J54), die eine gewisse Anzahl von Sprachen der Zonen D und E des vorher erwähnten Autors zusammenfasst.

Die phonologische Analyse geht von den Prinzipien von Martinet aus. Bevor er die Silbenstruktur dieser Sprache festsetz, entwickelt der Autor eine Diskussion in mehreren Kapiteln. Das erste Kapitel bringt die Distribution der konsonantischen Elemente und das zweite die paradigmatische Analyse derselben distinktiven Einheiten. Das dritte Kapitel, das die vokalischen Elemente betrifft, ist anders strukturiert als die zwei vorhergehenden. Die distributionnelle Analyse der Vokale ist nämlich nicht so komplex, dass sie ein ganzes Kapitel braucht. Das vierte Kapitel beschäftigt sich mit der Prosodie des Kifuliru. Darin wird bewiesen, dass die erhebliche Zahl der phonetischen Register zu zwei pertinenten Tönen zurückgebracht werden kann.

PHONOLOGIE DU KIFULIRU
(langue bantoue du groupe J)

SOMMAIRE

INTRODUCTION

Les Bafuliru (báfùlìrù) habitent dans la zone d'Uvira qui appartient au sud-Kivu, province située à l'est du Zaïre dans la région des Grands Lacs (carte 1). Ce territoire administratif a des limites aisées à saisir. Commençant à une cinquantaine de kilomètres au sud de Bukavu, il s'achève dans la même direction à l'extrême nord-ouest du lac Tanganyika. Il est limité au nord par la rivière Luvimu, au sud par celle d'Elila et par le mont Mitumba; à l'est par la rivière la Ruzizi et par le lac Tanganyika. A l'ouest, du nord au sud, le lac Lungwe, les monts Mugogo et Kalenga, puis les rivières Ulindi et Bijombo clôturent ce territoire.

Administrativement, cette zone est entourée à l'ouest par celle de Mwenga, au nord-ouest et au nord par celle de Walungu, au sud par celle de Fizi et à l'est par la République de Burundi (cartes 1 et 2).

Cette zone se situe sur la dorsale qui sépare les basses terres de la cuvette zaïroise et le fossé d'effondrement de l'Est africain.

Les hautes terres du Kivu oriental sont formées d'une succession de montagnes d'importance variable (entre 1500 et 2000 mètres) qui renferment des vallées souvent marécageuses mais tout à fait propices aux activités agricoles si elles sont aménagées (carte 2).

L'une d'entre elles, la plaine de la Ruzizi, incluse dans la zone d'Uvira, s'étend sur une largeur de 30 km et s'élève à 900 mètres d'altitude à Kamanyola (carte 3). A l'ouest de celle-ci s'élèvent les hautes terres.

Carte 1

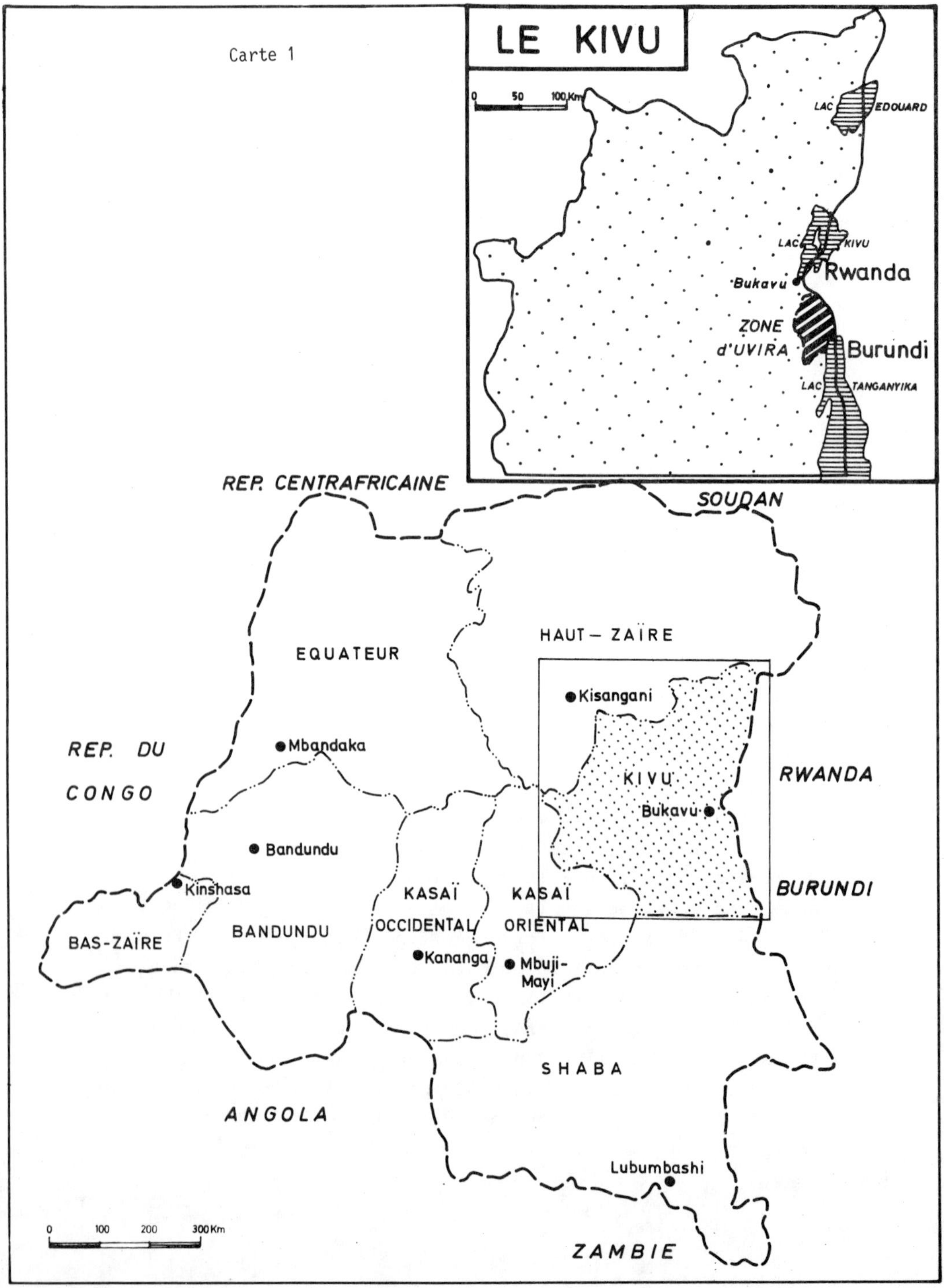
LE KIVU
0 50 100 Km
LAC EDOUARD
LAC KIVU
Rwanda
Bukavu
ZONE d'UVIRA
Burundi
LAC TANGANYIKA
REP. CENTRAFRICAINE
SOUDAN
HAUT – ZAÏRE
EQUATEUR
Kisangani
REP. DU CONGO
Mbandaka
KIVU
RWANDA
Bukavu
Bandundu
Kinshasa
KASAÏ OCCIDENTAL
KASAÏ ORIENTAL
BURUNDI
BAS-ZAÏRE
BANDUNDU
Kananga
Mbuji-Mayi
SHABA
ANGOLA
Lubumbashi
0 100 200 300 Km
ZAMBIE

La zone d'Uvira, constituée donc d'une plaine et de hautes terres, est administrativement découpée en trois collectivités subdivisées elles-mêmes en localités (carte 3 où les principales localités sont portées) :

- Collectivité des Bafuliru; située au nord de la zone, elle couvre les hautes terres et une partie de la plaine. Elle comprend les localités suivantes : Lemera, Luvungi, Kigoma, Runingu, Muhungu.

- Collectivité des Bavira; située au sud de la zone, elle contient outre le chef-lieu de la zone et de la sous-région du sud-Kivu, les localités suivantes : Katala, Kitundu, Kabindula, Kijaga, Kalungwe, Makobola.

- Collectivité des Barundi également appelée collectivité de la plaine de la Ruzizi : située à l'est, dans la plaine, bien qu'elle ne la couvre pas totalement, elle comprend les localités de Luberizi, de Bwegera, de Kabunambo-Sange et de Kagando-Kiliba.

La répartition des populations dans ces trois collectivités est variable selon les auteurs qui se sont penchés sur le problème. Nous ne citerons que le recensement le plus récent que nous avons pu obtenir fait par l'administration de la zone en 1976.

Collectivité	*Pop. Totale*	*Sup. Km2*	*Densité*
Bafulero	83 406	1 568,270	52,1542
Bavira	52 328	982,150	56,1106
Plaine Ruzizi	61 005	651,580	86,2531
Zone Uvira	196 739	3 202,000	60,8

Toutes ces âmes ne sont pas des Bafulero. Nous n'avons fait aucun recensement à ce sujet et les rares informations recueillies sont si contradictoires qu'il est inutile d'en présenter le catalogue. Leur nombre, inférieur à 200 000, est le seul point d'accord.

Les autres communautés représentées sont les Bashi, les Bavira, les Barundi, les Banyarwandais appelés Banyamulenge, les Banyindu et quelques Warega (carte 3).

La répartition de ces différentes communautés dans la zone tient à leurs tâches quotidiennes dont l'une des grandes lignes de partage est marquée par les activités agricoles ou pastorales. Néanmoins, si la montagne est le domaine des pasteurs et la plaine celui des agriculteurs, on trouve aussi des pasteurs dans la plaine et des agriculteurs dans les montagnes. Et les gens qui s'installent sur les collines se fixent généralement au-dessous de la limite supérieure à la culture de la banane (2000 mètres).

Carte 2

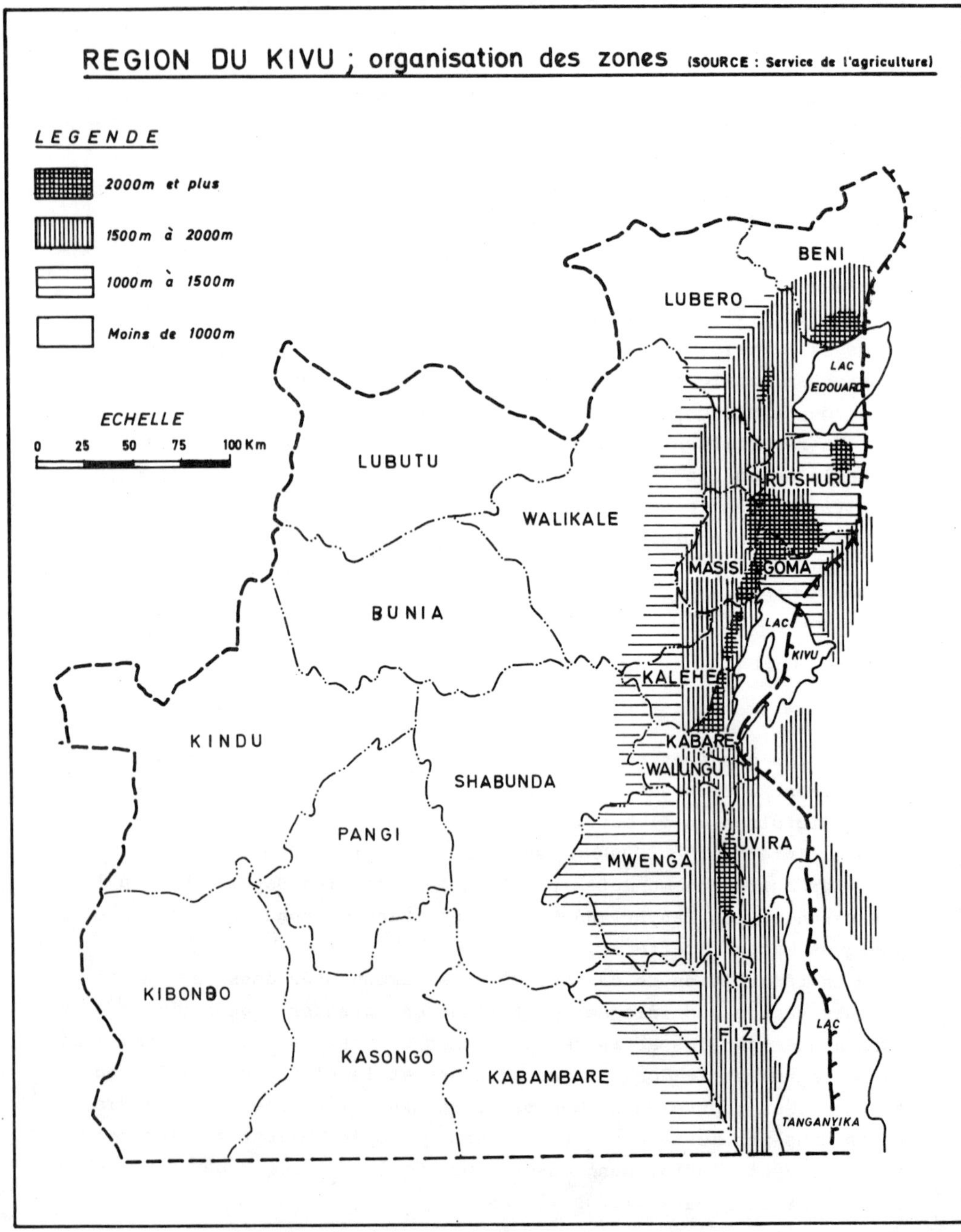

REGION DU KIVU ; organisation des zones (SOURCE : Service de l'agriculture)
LEGENDE
2000m et plus
1500m à 2000m
1000m à 1500m
Moins de 1000m
ECHELLE
0 25 50 75 100 Km
BENI
LUBERO
LAC EDOUARD
LUBUTU
WALIKALE
RUTSHURU
MASISI
GOMA
BUNIA
LAC KIVU
KALEHE
KINDU
KABARE
WALUNGU
SHABUNDA
PANGI
UVIRA
MWENGA
KIBONBO
FIZI
LAC
KASONGO
KABAMBARE
TANGANYIKA

Les Barundi ont occupé au XIXème siècle les parties délaissées par les Bafuliru et les Bavira. Aujourd'hui, cette hégémonie n'est plus certaine. Selon une étude de Mutimura Nyirumuringa[1] sur les éleveurs-agriculteurs des secteurs de Sange, Luberizi, Luvungi et Kamanyola, soit une partie de l'axe routier qui traverse la plaine, "la population mère était [en fin 1977] de 1289 éleveurs se répartissant ethniquement comme suit : 163 Barundi, 288 Rwandais, 238 Bashi, 600 Bafulero" (p. 1).

Les Banyamulenge sont des Tutsi venus du Rwanda. S'ils se sont mis quelquefois à la culture, cette activité demeure secondaire car ils sont avant tout des pasteurs. Aujourd'hui, les Bafuliru qui eux se sentent plus agriculteurs qu'éleveurs n'hésitent plus à passer des contrats de gardiennage de vaches ou encore d'échange de propriété.

Les Bashi, nombreux à Kamanyola (nord de la zone), se sont répandus dans la plaine de la Ruzizi avec la colonisation un peu comme les Warega, voisins occidentaux des Bafuliru.

Quant aux Bavira qui demeurent au sud de la zone, soit à l'extrême-nord du Lac Tanganyika, leur origine est problématique. Les traditions orales situent leur origine dans le Maniema, à l'ouest du Bufuliru, le pays des Bafuliru.

Du point de vue synchronique et linguistique, il est surprenant de constater que ceux qui se dénomment Bavira ou qui sont appelés ainsi par les autres, parlent une langue qui n'est autre que le kifuliru à quelques variantes près, pertinentes socialement ou géographiquement, mais pas linguistiquement.

En d'autres termes plus précis, cette langue n'a aucun rapport avec celles que l'on rencontre dans le Maniéma, comme le kirega par exemple. La langue parlée par les Bavira est bien du type J comme le hunde, le havu, le tembo, le shi, le rwandais, le rundi; et pour cause, puisqu'il s'agit du kifuliru. Elle ne présente pas les caractéristiques des langues du groupe D : kirega, bembe, etc. Cette langue, pour prendre des exemples très simples, ne compte que cinq voyelles, la quantité vocalique est pertinente et l'on y note la présence d'augments.

Cependant, il n'est pas dit qu'une langue kivira du type D n'ait pas existé ou n'existe pas encore. A ce sujet une enquête mériterait d'être faite chez les pêcheurs du lac Tanganyika qui demeurent à l'extérieur du Bufuliru et que l'on appelle les Bajoba.

---

1. Rapport comparé de l'agriculture et de l'élevage dans la plaine de la Ruzizi, *Amuka*, Bulletin de l'Institut Supérieur du Développement Rural de Bukavu, 4e année, n° 13, janvier, février, mars 1979, p. 34-46.

Carte 3

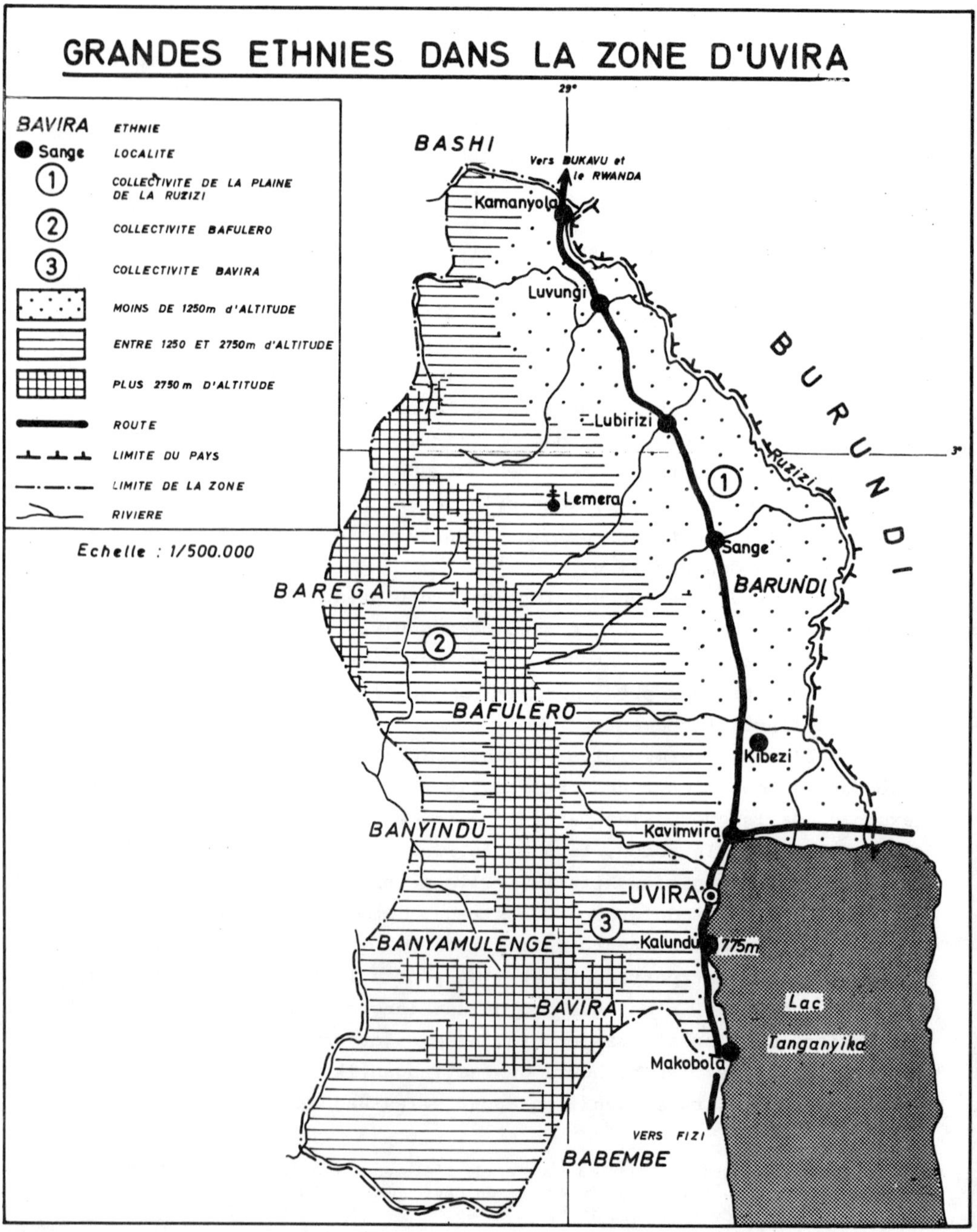
GRANDES ETHNIES DANS LA ZONE D'UVIRA
BAVIRA ETHNIE
Sange LOCALITE
1 COLLECTIVITE DE LA PLAINE DE LA RUZIZI
2 COLLECTIVITE BAFULERO
3 COLLECTIVITE BAVIRA
MOINS DE 1250m d'ALTITUDE
ENTRE 1250 ET 2750m d'ALTITUDE
PLUS 2750 m D'ALTITUDE
ROUTE
LIMITE DU PAYS
LIMITE DE LA ZONE
RIVIERE
Echelle : 1/500.000
29°
3°
BASHI
Vers BUKAVU et le RWANDA
Kamanyola
Luvungi
BURUNDI
Lubirizi
Ruzizi
Lemera
Sange
BARUNDI
BAREGA
BAFULERO
Kibezi
BANYINDU
Kavimvira
UVIRA
Kalundu
775m
BANYAMULENGE
BAVIRA
Lac Tanganyika
Makobola
VERS FIZI
BABEMBE

Les Bafuliru parlent le kifuliru (kìfùlìrú). Le "dialecte" étudié est celui de Lemera (carte 3), village situé au nord-ouest dans la zone d'Uvira. Il est, selon l'avis général des locuteurs de cette langue, qu'ils appartiennent à ce village ou non, qu'ils parlent cette "variété" ou non, le "meilleur kifuliru". Cependant, ce n'est pas cette qualité qui a été déterminante dans le choix de l'étude de ce "dialecte".

Au nord de la zone, dans les environs du village de Luvungi, le kifuliru est fortement métissé de mashi. L'influence du kirundi est très nette dans les villages de la plaine de la Ruzizi.

CLASSEMENT DU KIFULIRU

En 1959, dans *The Bantu Languages of Africa*, M.A. BRYAN reprend le Hunde group (groupe D) de l'ouvrage supervisé par GUTHRIE, M. et TUCKER A.N., *Linguistic Survey of the Northern Bantu Borderland* (vol. I, part. II, 1956), qu'elle divise encore en I-Shi Sub-group et II Hunde-Sub-group. Si elle ne change pas grand chose à cette typologie, elle met en parallèle à celle-ci la classification de GUTHRIE, 1948, *The Classification of the Bantu Languages*. C'est dans cette rubrique qu'apparaît la langue fuliro sous le signe D. 63. Une orthographe différente est proposée, fuliiru ou encore furiiro (iki) que MEEUSSEN a personnellement communiquée à l'auteur[2].

SHI		
Haavu	HAVU	D.52
Shi		
Lindja		
Hwindja		
Longe-Longe		
HUNDE		
TEMBO	NYABUNGU	D.53
Tembo		
Hunde	HUNDE	D.51

2. Le Professeur MEEUSSEN avait fait une enquête rapide sur la langue kifuliru. C'est le Professeur COUPEZ qui nous a personnellement communiqué cette information. Ces notes, que le Prof. COUPEZ nous a fort aimablement proposé de consulter, sont déposées au Musée Royal de Tervuren. Nous ne les avons pas examinées pour l'heure.

NYINDU

Nyindu
Rhinyirhinyi

Bembe	D.54
Buyi	D.55
Kabwari	D.56
Fuliro	D.63

BRYAN nous apprend par ailleurs que le nombre de locuteurs y serait de 56 000 selon un recensement de 1932 que cite VAN BULCK, 1948, *Les Recherches Linguistiques au Congo Belge* (Mémoire de l'Institut Royal Colonial Belge).

Dans *Revised classified list of Bantu Languages*, GUTHRIE classe le kifuliru (D.63) dans le groupe "HA" qui contient le :

SHUBI	D.64
HANGAZA	D.65
HA	D.66
VINZA	D.67

Il y inclut aussi le rwanda D.61 et le rundi D.62.
Dans *Comparative Bantu, an Introduction to the comparative Linguistics and Prehistory of the Bantu Languages*, (1967, 1970, 1971), GUTHRIE reprend le même classement (Vol. II, p. 43, 44; vol. III, p. 13).

Les Etudes de Lolemi rassemblent en un groupe J un certain nombre de langues des zones D et E[3]. Le kifuliru y est classé en J.54.

CORPUS ET INFORMATEURS

Si une première approche de la langue des Bafuliru s'est effectuée durant le mois d'avril et de mai 1978, les recherches les plus conséquentes se déroulèrent entre le mois de novembre 1978 et le mois de juin de l'année suivante. Les enquêtes ont été la plupart du temps des "entretiens" enregistrés ou non, avec les informateurs. La langue de communication était généralement le français et plus rarement le swahili lorsque les personnes interrogées n'étaient pas scolarisées. Le recueil des données s'est aussi fait à partir d'un questionnaire élaboré sur la base d'une grammaire du swahili. L'intérêt de cette démar-

---

3. Cf. DONEUX, J.L., 1971, Deux études sur les interrogatifs en zone J. du bantou, *Annales du Musée Royal d'Afrique Centrale de Tervuren* (Belgique), 72, 121-138. Par ailleurs, une carte du groupe J. est présentée dans la thèse de Mme Louise POLAK-BYNOM, 1975, *A Shi grammar*, Annales du Musée Royal d'Afrique Centrale de Tervuren, 86, 467 p.

che, qui peut sembler bizarre, nous a permis d'avoir d'emblée un lexique organisé thématiquement, de déceler sans difficultés les emprunts au swahili, de vérifier si les informateurs prenaient la peine de chercher les lexèmes appartenant véritablement à leur langue sans tomber dans la facilité du recours à la langue véhiculaire de la région, extrêmement utilisée, et enfin, de nous familiariser parallèlement au swahili.

Puis, au fil du temps, l'utilisation du swahili, qui permettait de réduire les risques d'erreur ou de préciser certaines questions, avait la fonction non négligeable d'introduire sans que l'on y prête attention, une atmosphère de convivialité, dans une "gymnastique" dont il faut bien reconnaître le caractère pénible parfois.

A ce propos, nous devons remercier l'ensemble des informateurs, et plus particulièrement les citoyens :
MUTAMBALA MAHOLOKERA qui fut notre premier informateur pendant l'année universitaire 1977-1978.
BYASI KIGWATI
Il nous faut encore citer :

ASANI MUVUNA YUMA
MANA MUVUNA
KASIGWA JONGORORA YE MUKULU
NAMUSOMWA KATSHUKUZI

Tous ces garçons sont scolarisés et faisaient leurs études universitaires à l'Institut Pédagogique de Bukavu. Les deux premiers cités, originaires de Lemara, ont été nos principaux informateurs.

PHONOLOGIE

INTRODUCTION

METHODE

La description d'une langue saharienne, le kanembou, nous avait amené à affirmer que l'analyse paradigmatique présuppose l'analyse distributionnelle qui permettait d'opérer une segmentation du "mot" en syllabes. Ce n'est pas une position de principe et cette démarche ne s'applique pas nécessairement à toutes les langues.

A l'exception de trois problèmes qu'il convient d'examiner avec attention, le kifuliru ne justifie pas une telle prise de position ou du moins la radicalité de celle-ci. En effet, le découpage syllabique, et par conséquent la distribution des éléments, ne présente aucune difficulté; tous les éléments se retrouvent dans chaque position possible et la structure du mot ne peut être qu'une succession CVCV etc., marge consonantique prévocalique ou non et noyau vocalique, absence de marge consonantique post-vocalique. Avant de préciser la syllabe dans cette langue nous discutons essentiellement de trois problèmes que nous présentons dans le chapitre "distribution des éléments consonantiques" (chapitre I) qui sera suivi par celui de l'analyse paradigmatique de ces mêmes éléments (chapitre II).

Le chapitre III qui concerne les éléments vocaliques n'est pas structuré de la même façon que les deux chapitres précédents. En effet, l'analyse distributionnelle des voyelles n'est pas si complexe, qu'elle nécessite l'épaisseur d'un chapitre. Ainsi, le chapitre III, consacré aux voyelles, regroupe-t-il l'aspect syntagmatique et paradigmatique de celles-ci.

Le chapitre IV envisage la prosodie du kifuliru.

REALISATION PHONETIQUE DES CONSONNES

En préambule à l'analyse syntagmatique nous présentons un tableau phonétique des réalisations consonantiques.

		bi-labiales	*labio-dentales*	*apico-dentales*	*prépa-latales*	*pala-tales*	*vé-laires*	*glot-tale*
occlusives orales	sourdes	p		t			k	
	sonores			d			g	
spirantes sonores		β						
fricatives sifflantes	sourdes		f		s			h
	sonores	w	v		z	y		
fricatives chuintantes	sourde					ʃ		
	sonore					j		
latérale				l				
rétroflexe frappée					ḷ			
vibrante roulée				r				
occlusives nasales		m		n		ny		
mi-nasales occlusives		mb		nd			ng	
mi-nasales fricatives			mv		nz	nj		

La transcription est inspirée de l'alphabet de l'Institut Africain International (Londres). Ainsi, on remarque que plusieurs transcriptions de son s'écartent de la notation de l'A.P.I.; nous donnons l'équivalence choisie une fois pour toutes :

ʒ est transcrit j

ɲ est transcrit ny

j est transcrit y

I. ANALYSE DISTRIBUTIONNELLE DES CONSONNES

Cette analyse, comme nous l'avons déjà souligné, ne se préoccupe que des problèmes qui présentent des difficultés, à savoir : les mi-nasales, le son [ny], les distributions de [r], [l], [ḷ] et [d].

I.1. LES MI-NASALES : UN OU DEUX PHONEMES ?

Si l'on s'en tient au sentiment linguistique des locuteurs, on est troublé par la variation des avis. Les locuteurs très peu scolarisés conçoivent ces complexes (qui ne semblent pas en être pour eux) comme constituant un seul élément. Ceux qui sont avancés dans les études et notamment ceux qui fréquentent les établissements supérieurs "perçoivent" deux phonèmes. Ce sentiment devient franchement suspect car il manifeste plus la culture de l'école que leur sentiment véritable. La linguistique bantouistique relativement développée a pénétré dans les structures de pensée des gens qui, aujourd'hui, suivent en linguistique la même démarche que les Dogon en ethnologie, récitant aux ethnologues de passage chez eux le livre de CALAME-GRIAULE. Au Kivu, les locuteurs les plus scolarisés récitent les descriptions de Tervuren[4].

---

4. Cette remarque, comme nous le verrons par la suite, n'engage absolument pas la validité des thèses tenues par les linguistes de Tervuren.

Les bantouistes analysent les mi-nasales comme la séquence d'une consonne nasale et d'une consonne orale[5]. Dans ce cas, une économie est faite au niveau paradigmatique : moins de phonèmes ; mais on doit admettre une complexification de la structure syllabique qui aurait alors des séquences de consonnes -CC- du type -NC- ; toute autre succession n'existe pas dans la langue, et l'économie syntagmatique y perd.

Si l'on ne peut décider arbitrairement d'effectuer une économie sur l'un des deux axes, existe-t-il des arguments pour faire un choix ? Une autre manière de poser le problème est de répondre à la question classique de A. MARTINET, (1965, Chap. IV : "Un ou deux phonèmes ?") pour tous les complexes rencontrés (nasales + occlusives ou frictives) représentés par deux graphèmes. Pour résoudre cette question, MARTINET applique la commutation dont le critère, en substance, tient dans la proposition suivante : si tous les complexes peuvent commuter avec chacun de leurs éléments, il ne s'agit pas d'un mais de deux phonèmes. C'est bien le cas du kifuliru :

n/∅	ndáhò	"nulle part"	dáhò	"sol, terre"
d/∅	mwéndà	"dette"	mwénà	"faim"
d/n	kúdáakà	"maudire"	kúnáakà	"parler avec mépris"

Rappelons que la commutation est parfaitement valable avec zéro et qu'elle est une nécessité dans cette langue car il n'existe pas d'autres types de succession. On constate donc que l'analyse paradigmatique, et l'économie qu'elle suggère à ce niveau, implique, comme chez les bantouistes, une absence d'économie au niveau syntagmatique. Doit-on considérer la commutation comme un argument péremptoire ?

L'un des arguments évoqués en faveur d'une interprétation monophonématique de ces successions tient dans le caractère unique de ces complexes [NC] car il n'existe pas d'autres possibilités de combinaisons de consonnes. Ainsi la structure syllabique est-elle simplifiée : CV au lieu de CCV.

Cet argument est généralement conforté par un autre qui tient au système[6].

---

5. MEEUSSEN, A.E., 1959, Essai de grammaire rundi, *Annales du Musée Royal du Congo Belge*, sciences de l'homme, Linguistique, volume 24, Tervuren, p. 9-15.
ANGENOT, J.P., 1971, *Aspect de la phonétique et de la morphologie de l'ewondo*, thèse non publiée à Leyde, Pays-Bas.

6. Cf. BOUQUIAUX, Luc, 1973, Quelques réflexions sur le système phonologique du rundi, *Problèmes de phonologie IV*, Paris, SELAF, n° 38, p. 115-119.

Une série de mi-nasales, sonores en kifuliru, s'intègre dans chacun des ordres qui classent les autres éléments. Ces complexes font donc bien partie eux aussi du système. On constate que l'analyse syntagmatique, et l'économie qu'elle suggère à ce niveau, implique cette fois-ci une absence d'économie au niveau paradigmatique.

Il est bien délicat de choisir de façon générale. De façon particulière, un choix lié aux structures de la langue est ici tout aussi difficile. Là encore, on retrouve deux arguments contradictoires, l'un d'ordre syntagmatique, l'autre paradigmatique.

- *Argument d'ordre syntagmatique*

Certaines voyelles sont allongées contextuellement. Si, dans les contextes CwV ou CyV, V subit un allongement, si dans les contextes -VNC, V subit un allongement, et si Cw ou Cy sont une succession de deux éléments, il est possible de prétendre qu'il en est de même pour [NC], encore que de nature différente car Cw est répartie entre une consonne appartenant à la marge pré-consonantique et w au noyau, ce qui n'est pas le cas de NC dont chaque élément appartient à la marge consonantique (N n'est jamais intoné).

- *Argument d'ordre paradigmatique*

Ces complexes, ayant une fréquence égale ou supérieure à celle des éléments qui les composent, peuvent être considérés comme des unités monophonématiques. (MARTINET, 1965, p. 123). Le fait que le phonème /b/ se réalise [b] après nasale, [mb], et partout ailleurs [β], pourrait militer en faveur d'une interprétation monophonématique des mi-nasales.

Aucun argument n'est particulièrement décisif, il faut bien l'admettre, en ce qui concerne le kifuliru.

Nous avons choisi de présenter ces mi-nasales dans un tableau phonologique, choisissant arbitrairement, qu'on le veuille ou non, de faire une économie syntagmatique manifeste dans la simplification de la structure syllabique. Au demeurant, le lecteur pourra choisir tout aussi arbitrairement que l'auteur l'autre solution qui lui reste, une interprétation biphonématique.

I.2. LE SON [ny] : UN OU DEUX PHONEMES ?

La même question posée à propos de mi-nasales est à l'ordre du jour pour le son [ny]. La même réponse s'impose en kifuliru. Il n'existe pas d'argument pour choisir dans tous les cas.

Il en existe un, d'ordre phonétique, mais il ne s'applique pas systématiquement à toutes les séquences.

Nous savons que la voyelle est allongée lorsqu'elle est précédée des successions Cy ou Cw quelle que soit la nature de la consonne, orale ou nasale. Donc, si dans ce contexte, lorsque C = n (consonne = nasale dentale [n]), V est allongé, il n'est guère contestable que [ny] équivaut à une séquence /n/ + /y/. Si la voyelle est brève, [ny] = /ɲ/ soit un seul élément. Et ces deux cas sont attestés.

Cependant, il est des cas où cette subtilité est inapplicable. En effet, on sait aussi qu'une voyelle suivie de NC est elle aussi allongée. Si dans un mot, nous avons la structure CYVNCV.

ex. : nyángà "épouse-moi", la voyelle est nécessairement allongée; mais on demeure dubitatif sur les origines de son conditionnement, Cy ou NC. Ainsi, dans ce cas précis, il est impossible de statuer sur la nature de ce son.

L'on ne peut qu'adopter arbitrairement l'une des deux solutions. Ce qui revient à dire qu'il n'y a pas de solution.

Une analyse paradigmatique n'a pas sa place ici. En effet, dans la succession C + y ou w, chacun des éléments appartient à des paradigmes différents, C à la marge consonantique, y ou w au noyau vocalique, si bien qu'ils ne sont absolument pas opposables.

I.3. LES DISTRIBUTIONS DE [r], [l], [ḷ], [d]

Le son [ḷ], noté ainsi est la réalisation d'un [l] rétroflexe.

L'examen des différentes possibilités d'opposition entre les éléments de l'ordre apical (Tableau 1) permet de constater que certains parmi eux ne s'opposent pas. C'est le cas par exemple de l et de ḷ (latéral rétroflexe) ou de r et ḷ. Si l'ensemble de ces éléments sont attestés entre deux voyelles, il apparaît que certains -d, l, ḷ, r- ont des distributions lacunaires liées à leur entourage vocalique, tandis que les autres -t, nd, n- ne subissent aucun conditionnement de ce genre. Nous essayons donc d'expliquer ici ces distributions lacunaires.

La latérale rétroflexe n'est attestée que devant les voyelles antérieures e et i, tandis que la latérale non rétroflexe ne l'est que devant des voyelles postérieures u, o, a. Il y a donc une distribution complémentaire parfaite entre l et ḷ. Le phonème /l/ se réalise rétroflexe s'il est suivi de voyelles antérieures et non rétroflexe s'il est suivi de voyelles postérieures. Il s'agit donc de deux variantes contextuelles du phonème /l/; celui-ci a, par conséquent, une distribution normale. Ces résultats sont confirmés par les autres relations entre les éléments r et ḷ d'une part et r et l d'autre part. Entre r et ḷ la distribution complémentaire est imparfaite et ils s'opposent dans les contextes iCe et eCe. La rétroflexe n'est donc pas une variante de r. Quant à l et r, ils s'opposent dans de nombreux contextes (Tableau 2).

Rappelons que l est toujours attesté quel que soit le contexte vocalique tandis que r présente des distributions lacunaires. Quand r est suivi de voyelles postérieures (u, o, a), r et l s'opposent. Quand r est suivi de voyelles antérieures (i, e), deux cas se présentent :

1) S'il est précédé de voyelles postérieures, il y a neutralisation de l'opposition entre /r/ et /l/. L'archiphonème qui en est issu peut être défini comme sonant oral et se réalise ḷ, car nous avons déjà vu que le phonème /l/ lui-même se réalise comme une rétroflexe lorsqu'il est suivi de voyelles antérieures;

2) S'il est précédé de voyelles antérieures, la neutralisation est partielle en ce sens que deux séquences sur quatre sont attestées. La neutralisation est effective si r est suivi de voyelles de premier degré d'aperture. Les combinaisons iri et eri ne sont donc pas attestées. L'opposition demeure si r est suivi de voyelle de deuxième degré d'aperture. Les combinaisons ire et ere sont attestées.

Pour harmoniser le système, il est possible d'émettre l'hypothèse de distributions lacunaires (iri et eri) que l'on réintroduirait dans la langue comme faisant partie des potentialités de celle-ci. Ainsi quand r serait suivi de voyelles antérieures et précédé de voyelles postérieures, l'opposition serait neutralisée, et quand r serait suivi de voyelles antérieures et précédé de voyelles antérieures, l'opposition serait maintenue. Nous nous en tenons à cette solution afin de faciliter l'approche des différentes oppositions. Cependant, elle n'est pas définitive et il nous sera toujours possible d'introduire cette éventuelle neutralisation et le conditionnement qui la caractérise en fin d'exposé, comme nous le verrons.

Avant de dégager les différentes oppositions et neutralisations, il convient d'introduire le phonème /d/ qui présente lui aussi des distributions lacunaires. Les restrictions à son apparition sont simples. Il n'est pas attesté lorsqu'il est précédé d'une voyelle moyenne, donc de deuxième degré d'aperture, quel que soit le trait de la voyelle,

TABLEAU 1

/t/				
t/d	kútèndèerà	"supplier"	kúdèndèerà	"s'enraciner"
t/nd	kútúndà	"pousser"	kúndúndà	"me pousser"
t/n	kútékà	"ne plus produire de lait"	kúnékà	"gémir"
t/l	kútùlà	"forger"	kúlùlà	"être amer"
t/r	kútáatà	"s'emporter"	kútáarà	"jouer de l'argent aux cartes"
/d/				
d/t - exemples ci-dessus				
d/nd	dáhò	"sol, terre"	ndáhò	"nulle part"
d/n	kúdáakà	"maudire"	kúnáakà	"parler avec mépris"
d/l	kúdóotà	"critiquer"	kúlóotà	"rêver"
d/r	dáadà	"babillez !"	ráarà	"feuille de manioc préparée"
/nd/				
nd/t - cf. ci-dessus				
nd/d - cf. ci-dessus				
nd/n	mwéndà	"dette"	mwénà	"faim"
nd/l	kúndóozà	"me chercher"	kúlóozà	"chercher"
nd/r	índéngò	"mesure"	íréngò	"bouteille"
/n/				
pour n/t, n/d et n/nd - cf. ci-dessus				
n/l	kúhúnà	"se révolter"	kúhúlà	"rendre mou"
n/r	kúkénà	"s'appauvrir"	kúkérà	"couper"
/l/				
pour l/t, l/d, l/nd, l/n - cf. ci-dessus				
l/r	kúlámbà	"lécher"	kúrámbà	"vivre longtemps"
/r/				
cf. ci-dessus les exemples pour les oppositions r/t, r/d, r/nd, r/n, r/l.				

TABLEAU 2

	r	l	ḷ
i - i			kíḷígò "puit"
e	mámúfwîrè "veuf"		íḷéngò "bouteille"
u	mwírù "noir, nègre"	kílúlù "amer"	
o	íróngè "tanière"	kílógè "quelque chose d'ensorcelé"	
a	kúzírà "refuser avec dédain"	mílálà "clan"	
e - e	kúyéréezá "répandre"		kúyéḷékà "montrer"
i			ndéèḷíkà "que je lâche"
u	mwérù "le blanc"	ndéelùhúukà "que je me repose"	
o	lútóḷérò "estomac"	yélógà "celui qui a l'habitude"	
a	kútèndèerà "supplier"	ndéelàngà "que je garde"	
u - u	íkúrù "nouvelle"	zúulù "nez"	
o	búrògò "stupidité"	múlóngè "bambou"	
i			ngùngúḷì "vitesse"
e			kìdùḷé "lait caillé"
a	kúrámbà "vivre longtemps"	búlá "intestin"	
o - o	kúrórótà "parler comme un ivrogne"	kúgólókà "se tenir debout"	
u	órúgúzò "poteau"	ólúmóʃò "main gauche"	
i			kóòḷì "impôt"
e			lútóḷérò "estomac"
a	kúkóorà "tirer des fibres"	kúkòlà "travailler"	
a - a	kíkáràzà "poitrine"	kúbyálà "semer"	
i			mútwáḷì "chef"
e			káḷédù "menton"
u	kúkárúkà "grandir rapidement"	kúlálúkà "s'enivrer"	
o	sàrò "verre"	bálózì "sorciers"	

antérieur ou postérieur. Nous remarquons que ce type de restriction à l'apparition de /d/ par la nature du degré d'aperture de la voyelle concernait déjà le phonème /r/ dans les combinaisons "voyelle antérieure suivie de /r/ qui est, à son tour, suivi d'une seconde voyelle antérieure", mais d'une manière inverse. Pour /r/, le deuxième degré d'aperture de la voyelle qui suivait ce phonème en permettait son attestation. Pour /d/, le deuxième degré d'aperture de la voyelle qui précède ce phonème en refuse son attestation. Les combinaisons idV, udV, adV, où V représente n'importe quelle voyelle, sont donc attestées; tandis que les combinaisons edV et odV ne le sont pas. Dès lors nous pouvons établir les oppositions et pour cela nous présentons un résumé qui permettra simultanément de soulever les derniers problèmes.

Les phonèmes : /d/, /l/ et /r/ s'opposent dans les contextes suivants : i-i, i-e, i-u, i-o, i-a. Les phonèmes /l/ et /r/ s'opposent dans les contextes e-e, e-i, e-u, e-o, e-a. Le phonème /d/ est absent; il nous reste à déterminer avec quel élément il se neutralise.

Les oppositions entre /d/, /l/ et /r/ existent dans les environnements u-u, u-o, u-a, mais dans les contextes u-e et u-i, seuls les éléments d et l s'opposent. Avec quel élément /r/ se neutralise-t-il ?

Le phonème /d/ est absent dans les contextes o-o, o-u, o-a, o-i, o-e, dans les environnements o-i et o-e, /r/ est absent également, de sorte que seul /l/ y reste attesté. De quelles neutralisations s'agit-il ?

Si /d/, /l/, /r/ s'opposent dans les environnements a-a, a-u, a-o, le phonème /r/ est absent dans les contextes a-i et a-e. Avec quel élément /r/ se neutralise-t-il ?

Nous pouvons répondre aux questions que nous avons posées. La permanence de l'attestation du phonème /l/ dans tous les types de combinaisons et plus particulièrement dans le type où il est le seul élément à être présent, nous permet de concevoir les neutralisations de /r/ et de /d/ par rapport à /l/. Les règles de neutralisation sont les suivantes :

1) la neutralisation de l'opposition entre /d/ et /l/ donne un archiphonème noté /L^1/, dans le contexte "précédé de voyelles de deuxième degré d'aperture". Cet archiphonème se réalise ḷ quand il est suivi de voyelles antérieures et l quand il est suivi de voyelles postérieures;

2) la neutralisation de l'opposition entre /r/ et /l/ donne un archiphonème, noté /L^2/, dans le contexte "précédé de voyelle non antérieure" et "suivi de voyelle antérieure". Celui-ci se réalise ḷ.

Si nous refusions de poser les combinaisons iri et eri comme potentielles, il nous faudrait alors établir une règle de neutralisation entre /r/ et /l/ dans un contexte supplémentaire : "précédé de voyelle antérieure" et "suivi de voyelle antérieure de deuxième degré d'aperture".

II. ANALYSE PARADIGMATIQUE DES CONSONNES

L'inventaire des phonèmes consonantiques qui n'est pas différent selon les contextes d'apparition, initiale de mot ou intervocalique, noūs conduit à présenter une seule position lors de l'exposé du catalogue des oppositions phonologiques. Les réalisations phonétiques des phonèmes sont présentées après chacune des oppositions.

II.1. PRESENTATION DES OPPOSITIONS CONSONANTIQUES

Le phonème /p/

Son identité phonologique apparaît dans lesoppositions suivantes :

p/b

kúpámbà	"orner"	kúbámbà	"pendre"
kàpùngù	"guérisseur" (sp.)	kàbùngù	"petit nuage" (sp.)
kúpùtà	"vanner"	kúbùtà	"engendrer"
kúpèrà	"partir de bonne heure"	kúbèrà	"déchirer"
kúpémbà	"blanchir"	kúbémbà	"attraper la lèpre"

/p/ se réalise comme une occlusive bilabiale, sourde, orale, avec une très légère aspiration.

p/mb

kúpámbà	"orner"	kúmbámbà	"me pendre"
ípámbà	"cotonnier"	ímbámbà	"nourriture pour le voyage"

kúpíimà	"essayer, mesurer"	kúmbíimà	"m'essayer"
àpúumúkà	"il a pris la fuite"	àmbúumúkà	"il m'a échappé"
àpíngà	"il a parié"	àmbíngà	"il s'est opposé à moi"

p/m

kípángà	"grosse machette"	kímángà	"pente d'une montagne"
kúpíimà	"mesurer"	kúmíimà	1. "sucer" 2. "finir les restes"
kúpángà	"ranger"	kúmángà	"près d'un rocher"
kúpérà	"aller très tôt"	kúmérà	"germer"
kúpánúlà	"agrandir, élargir"	kúmánúlà	"faire descendre"
kúlípà	"payer"	kúlímà	"cultiver"

p/w

píngà	"pariez !"	wìngà	"raie dans les cheveux"
kápámbà	"quel coton !"	káwámbà	"m'as-tu donné... ?"
kúpámbà	"orner"	kúwámbà	"partir tôt le matin"

p/f

kúpùtà	"vanner"	kúfùtà	"écraser"
kúpúlà	"jeter"	kúfúlà	"faire la lessive"
kúpíndà	"faire un ourlet"	kúfíndà	"être resserré"

/p/ se réalise comme une occlusive bilabiale, sourde, orale, accompagnée d'une légère aspiration.

Le phonème /b/

Il est identifié par les rapprochements suivants :

b/p *Supra*

b/mb

kúgábà	"partager"	kúgámbà	"dire du mal de quelqu'un"
kúhúbà	"se tromper"	kúhúmbà	"déterrer"
kútíbà	"ne pas mûrir"	kútímbà	"frapper un objet contre un autre"
kúbùkà	"guérir"	kúmbùkà	"me faire guérir"
kúlúbà	"dédaigner"	kúlúmbà	"râler"

b/m

búndù	"pâte de manioc"	múndù	"homme"
búʃáàjà	"vieillesse"	múʃáàjà	"vieillard"
búsòlè	"adolescence"	músòlè	"adolescent"
kúkùbà	"souffrir"	kúkùmà	"ranger ses affaires"
kúbàkírà	"brûler" (sp. aliment)	kúmàkírà	"saisir quelqu'un à la gorge"
kúgàbà	"être insupportable" (sp. enfant)	kúgàmà	"refuser de répondre à un appel"
kúbwìrà	"là où où il y a de l'amitié"	kúmwìrà	"là où il y a un ami"

b/w

bàhíkà	"ils sont arrivés"	wàhíkà	"vous êtes arrivés"
bàmálà	"ils ont fini"	wàmálà	"vous avez fini"
bànánà	"ils ont refusé"	wànánà	"vous avez refusé"
báyíijà	"ils sont venus"	wàyíijà	"vous êtes venus"
bàlímà	"ils ont cultivé"	wàlímà	"vous avez cultivé"
bàtàngà	"ils ont commencé"	wàtàngà	"vous avez commencé"

b/v

kíbírà	"forêt de bambous"	kívírà	"un niais"
byúlà	"épluchures"	vyúlà	"réveillez ! (quelqu'un)
kúbígà	"avoir du chagrin"	kúvígà	"se putréfier (sp. poisson) ; pourrir"
kúbwámà	"guetter"	kúvwámà	"refroidir"
kúbíizá	"balayer"	kúvíizá	"laisser pourrir"

/b/ se réalise comme une spirante bilabiale, sonore, orale. Il eût été possible de considérer cette réalisation comme phonème à part entière car les occlusives et les fricatives entrent dans une corrélation sourde/sonore. Cependant, comme une fricative et une occlusive n'entrent jamais dans une paire corrélative, nous considérons [β] comme la réalisation de /b/.

Le phonème /mb/

Il est identifié par les rapprochements suivants :

mb/p *Supra*

mb/b *Supra*

mb/m

kíkómbò	"canne"	kíkómò	"bracelet"
mbásì	"fourmi"	másì	"pièges" (sp. oiseaux)
kíhúmbì	"mille"	kíhúmì	"endroit où poussent les champignons"
kúlímbà	"s'habiller avec élégance"	kúlímà	"cultiver"
ényúmbà	"maison"	ényúmà	"derrière"
mbézà	"donnez-moi !"	mézà	"faites pousser !"

mb/w

mbálángà	"taquinerie"	wálángà	"1. vous avez gardé quelque chose 2. tu es excité sexuellement"
kúmbámbà	"me prendre"	kúwámbà	"partir tôt le matin"
mbìngà	"lieux lointains"	wìngà	"raie dans les cheveux"
mbámbà	"nourriture pour le voyage"	wámbà	"vous me donnez"

mb/mv

kúmbùtà	"me mettre au monde"	kúmvùtà	"m'écraser"
mbùlà	"habitude"	mvùlà	"pluie"
kúmbùlà	"me manquer"	kúmvùlà	"pendant la saison des pluies"
kúmbwírà	"me dire"	kúmvírà	"mourir pour moi"
mbìrò	"partie supérieure d'une casserole"	mvìrò	"matière noire incrustée dans une vieille casserole"

/mb/ se réalise comme une occlusive bilabiale sonore prénasalisée. Articulée avec une certaine énergie, il ne semble pas que cette réalisation, comme toutes les autres du même type, soit particulièrement plus longue que celle d'un m ou d'un b. Toutes les mi-nasales allongent et nasalisent la voyelle précédente.

Le phonème /m/

Il est identifié par les rapprochements suivants :

m/p *Supra*
m/b *Supra*
m/mb *Supra*

m/w

mámbà	"nourrisson"	wámbà	"tu m'as donné"
málángà	"visage"	wálángà	"vous avez gardé quelque chose"

m/n

kuhòmà	"crépir"	kúhònà	"tomber"
málángà	"visage"	nálángà	"j'ai gardé"
máanà	"chance"	náanà	"petit enfant"
míinò	"dents"	níinò	"rien"
máhúngà	"queues de vache"	náhúngà	"je m'exile"

/m/ se réalise comme une nasale, bilabiale, sonore. Il ne porte jamais de ton comme l'ensemble des éléments qui appartiennent à la série des nasales.

Le phonème /w/

Il est identifié par les rapprochements suivants :

w/p *Supra*
w/b *Supra*
w/mb *Supra*
w/m *Supra*
w/l

wámbà	"fuyez !"	lámbà	"léchez !"
mwìrá wìinyù	"votre ami à tous les deux"	ſsù lìinyù	"votre oeil à tous les deux"
àlàmbà	"il lèche"	àwámbà	"il part"

/w/ est réalisé comme une spirante labio-vélaire devant les voyelles postérieures et centrales, labio-palatale devant les voyelles antérieures.

Le phonème /f/

Il est identifié par les rapprochements suivants :

f/p *Supra*
f/t

kúfùmà	"conter"	kútùmà	"envoyer"

kúfùngà	"défendre ceux qui se battent"	kútùngà	"élever des animaux"
kúfúndà	"enfoncer"	kútúndà	"pousser"

f/v

kúfúndà	"enfoncer, injecter"	kúvúndà	"pourrir"
ólúfù	"la mort"	ólúvù	"la terre"
kúfwàngà	"somnoler"	kúvwàngà	"mélanger"
kúfwómà	"émettre des bruits en dormant"	kúvwómà	"puiser"

f/mv

kúfùtà	"écraser"	kúmvùtà	"m'écraser"
kúfúndà	"enfoncer, injecter"	kúmvúndà	"m'enfoncer, m'injecter"
kúfíndà	"étouffer, serrer"	kúmvíndà	"m'étouffer, me serrer"
kúfwírà	"mourir"	kúmvwírà	"mourir pour moi"
kúfyúrà	"tromper"	kúmvyúrà	"me tromper"

/f/ est réalisé comme une fricative labio-dentale, sourde.

Le phonème /v/

Il est identifié par les rapprochements suivants :

v/b *Supra*

v/d

kúvúndúulà	"retirer le manioc que l'on avait mis sous l'herbe"	kúdúndúulà	"cultiver une grande surface de terre"
kúvwàngà	"mélanger"	kúdwàngà	"malaxer"
kúvwàngúlà	"soutirer"	kúdwàngúlà	"transvaser"
kúvwúmbíkà	"cuire sous la cendre"	kúdúmbíkà	"plonger dans l'eau"
kúvígà	"pourrir"	kúdígà	"je dépasse"

v/f *Supra*

v/mv

kúvúndà	"pourrir, moisir"	kúmvúndà	1. "m'enfoncer" 2. "partager inéquitablement"

kúvímbà	"1. couvrir un toit" 2. partager inéquitablement"	kúmvímbà	"prendre la plus grosse part"
kúvyúlà	"réveiller quelqu'un"	kúmvyúlà	"me faire réveiller"
kúvyárà	"mettre au monde" (E. au Rwanda)	kúmvyárà	"me mettre au monde"
kúwúngúlà	"moudre"	kúmvúngúlà	"me rendre plus faible"

/v/ est réalisé comme une fricative labio-dentale, sonore.

Le phonème /mv/

Il est identifié par les rapprochements suivants :

mv/f *Supra*
mv/v *Supra*
mv/mb *Supra*
mv/nd

ámvíndà	"il m'étouffe"	ándíndà	"il m'a attendu"
mvúndà	"enfonce-moi..."	ndúndà	"pousse-moi"
mvúngùlá	"écrase-moi, tue-moi" (ironique)	ndúngùlá	"castrez-moi" (ironique)
kúmvímbà	"me donner une petite part"	kúndímbà	"me jeter à terre"

/mv/ est réalisé comme une mi-nasale labio-dentale, sonore.

Le phonème /t/

Il est identifié par les rapprochements suivants :

t/f *Supra*
t/s

mútì	"remède"	músì	"muselé"
kútèmà	"couper"	kúsèmà	"souhaiter du mal"
kútíngà	"tromper une jeune fille au sujet du mariage"	kúsíngà	"faire du feu avec deux bâtonnets"
kútímbà	"donner des coups"	kúsímbà	"sauter"
kútònà	"penser, méditer"	kúsònà	"coudre"
kútíndà	"traîner"	kúsíndà	"frotter, nettoyer"

t/d

kútèndèerà	"supplier"	kúdèndèerà	"s'enraciner"
kátùndù	"beaucoup"	kádùndù	"arbre" (sp.)
kítùmbì	"chaise, escabeau"	kídùmbì	"ver blanc"
kítàmà	"joue" (sens péjoratif)	kídàmà	"gorgée, bouchée" (sens augmentatif)
kútéekà	"ne plus produire de lait" (sp. vache)	kúdéekà	"cuire"
kútùlà	"forger"	kúdùlà	"grossir" (sp. bébé)
kútáatà	"opposer une résistance"	kúdáadà	"babiller"

t/nd

túmà	"envoyez !"	ndúmà	"envoyez-moi !"
tólà	"coupez !"	ndólà	"regardez-moi !"
tángà	"précédez !"	ndángà	"précédez-moi !"
kútúndà	"pousser"	kúndúndà	"me pousser"
kúbùtà	"accoucher"	kúbùndà	"se cacher" (sp. animaux)

t/n

kútékà	"tendre une embuscade"	kúnékà	"gémir"
bútà	"accouchez !"	búnà	"quatre" (connotation péjorative)
kúténágírà	"marcher" (sp. démarche de l'enfant qui commence à marcher)	kúnénágírà	"marcher sur la pointe des pieds"
kúhúutà	"1. venir en groupe" (sp. oiseau) 2. devenir aveugle" (sens figuré ou propre)	kúhúunà	"se rebeller"
mvítà	"chapeau"	mvínà	"piétine-moi"
kúmàtúulà	"frapper"	kúmànúulà	"enlever la colle"
kútùngà	"élever des animaux"	kúnùngà	"voler à grande altitude"

t/l

kútùmà	"envoyer quelqu'un faire une course"	kúlùmà	"mordre" (E. Rwanda)
kútùlà	"forger"	kúlùlà	"être amer"
kútwà	"1. se percher" "2. maudire" "3. couper"	kúlwà	"se battre"

tólà	"coupe !"	lólà	"regarde !"
kútímbà	"frapper"	kúlímbà	"régner"

t/r

kútáatà	"s'emporter"	kútáarà	"jouer de l'argent aux cartes"
kútáatà	"s'emporter"	kúráatà	"aimer profondément"
kúhúutà	"perdre la vue"	kúhúurà	"se rencontrer"
kítândà	"parcelle de terre où l'on cultive du riz"	kíràndà	"délinquant"

/t/ est réalisé comme une occlusive apico-dentale, sourde, orale, légèrement aspirée.

Le phonème /d/

Il est identifié par les rapprochements suivants :

d/v *Supra*

d/z

kúdíkà	"le fait que les bananes brassées ne donnent pas un bon jus"	kúzíkà	"couler"
kúdìbúlà	"bouger les fesses" (sp. femmes)	kúzìbúlà	"piquer" (abeille)
kúdúukà	"rattraper, rejoindre"	kúzúukà	"ressusciter"
kúdòbángà	"mélanger"	kúzòbángà	"marcher avec difficulté"

d/t *Supra*

d/nd

díhà	"frappez fort"	ndíhà	"frappez-moi fort !"
dáhò	"sol, terre"	ndáhò	"nulle part"
kúdùkà	"insulter"	kúndùkà	"m'insulter"
kúdùlà	"avoir de la nostalgie"	kúndùlà	"penser à moi avec nostalgie"
kúdìkúulà	"donner une forte tape"	kúndìkúulà	"me donner une forte tape"

d/n

kúdòzà	"faire une pâte mal malaxée"	kúnòzà	"rendre facile"

kúdáakà	"maudire"	kúnáakà	"parler avec mépris"
kúdúukà	"atteindre"	kúnúukà	"sentir mauvais"
kúdéekà	"cuire"	kúnéekà	"épier"
kúdíihà	"frapper avec violence"	kúníihà	"ne pas convenir, ne pas suffire"
kúdígà	"être dépassé"	kúnígà	"étrangler"

d/l

kúdóotà	"critiquer"	kúlóotà	"rêver"
kúdúlà	"grossir" (sp. bébé)	kúlúlà	"être amer"
kúdáhúlà	"prendre quelque chose en grande quantité"	kúláhúlà	"aller prendre du feu chez quelqu'un"
kúdùgà	"préparer le fufu"	kúlùgà	"abonder"
kúdúkúulà	"enlever le venin"	kúlúkúulà	"dénouer ce qui était tressé"
kúdáahà	"faire rentrer les animaux domestiques"	kúláahà	"s'allonger" (la route)
kúdòbà	"mélanger"	kúlòbà	"pêcher"

d/r

dáadà	"babillez !"	ráarà	"feuilles de manioc préparées"
kúdàdà	"confondre les idées"	kúràrà	"marcher rapidement"
kúrùmbà	"se promener sans but"	kúdùmbà	"rendre visite avec l'intention de se faire inviter à boire"

/d/ est réalisé comme une occlusive apico-dentale, sonore, orale.

Le phonème /nd/

Il est identifié par les rapprochements suivants :

nd/mv *Supra*

nd/nz

kúndúulà	"m'aider à déposer un fardeau"	kúnzúulà	"me sauver" (fig.)
kúndíikà	"me laisser partir"	kúnzíikà	"m'enterrer"
ndésà	"fais-moi parler"	nzésà	"fais-moi rire"
ndámùsá	"salue-moi"	nzámùsá	"fais-moi monter"

nd/t *Supra*

nd/d *Supra*

nd/n

kúndágà	"me dire au revoir"	kúnágà	"devenir compacte"
mwéndà	"dette"	mwénà	"faim"
ndàgéndà	"je ne suis pas allé"	nàgéndà	"je vais"
ndáayè	"personne"	náayè	"lui"
ndàgúndì	"plus personne"	nàgúndì	"un autre"
kúndùngà	"me prendre en charge"	kúnùngà	"voler à haute altitude"

nd/l

ndólà	"regardez-moi !"	lólà	"regardez !"
kúndóozà	"me chercher"	kúlóozà	"chercher"
kúndíikà	"me lâcher"	kúlíikà	"lâcher"
kúndékà	"me laisser"	kúlékà	"laisser"

nd/r

índéngò	"mesure"	íréngò	"bouteille"
kúbíndà	"porter un habit comme on porte un cache-sexe"	kúbírà	"bouillir"
kúmbèndà	"me tromper"	kúmbèrà	"me blesser"
kúkóndà	"surveiller la viande qui grille"	kúkóorà	"tirer des fibres".

/nd/ est réalisé comme une mi-nasale, mi-orale, apico-dentale, sonore.

Le phonème /n/

Il est identifié par les rapprochements suivants :

n/m *Supra*

n/ny

négèká	"pose !"	nyégèká	"dépose-moi !"
nángà	"non"	nyángà	"épouse-moi !"
kúnègà	"tournoyer" (pirouette)	kúnyègà	"s'affaiblir"
yéhè	"lui"	nyéhè	"moi"

n/t *Supra*

n/d *Supra*

n/nd *Supra*

n/l

kúhúunà	"demander, mendier"	kúhúulà	"piler"
kúhúnà	"se révolter"	kúhúlà	"rendre molle" (peau d'un animal)
kúnékà	"gémir"	kúlékà	"laisser"
kúnîhà	"geindre"	kúlîhà	"payer"

n/r

kúkénà	"s'appauvrir"	kúkérà	"couper"
kúkìnà	"danser"	kúkìrà	"guérir"
kúnámbà	"à propos de" (E. Swh)	kúrámbà	"vivre longtemps"
kúhènà	"montrer sa nudité"	kúhèrà	"disparaître"

/n/ est réalisé comme une nasale, apico-dentale, sonore.

Le phonème /l/

Il est identifié par les rapprochements suivants :

l/w *Supra*

l/y

kúlángà	"surveiller"	kúyángà	"épouser"
kúlîikà	"lâcher"	kúyîikà	"s'affaisser"
kúlîisá	"paître"	kúyîisá	"déposer un objet à terre"
kúlèezá	"faire passer"	kúyèezá	"faire mûrir des récoltes"

l/t *Supra*

l/d *Supra*

l/nd *Supra*

l/n *Supra*

l/r *Supra*

lámbà	"léchez !"	rámbà	"sorte de pipe"
kúlámbà	"lécher"	kúrámbà	"vivre longtemps"
kúhúulà	"piler"	kúhúurà	"se rencontrer"

/l/ est réalisé comme une continue latérale apicale et sonore. Le phonème se réalise [ḷ] latérale rétroflexe lorsqu'il est suivi d'une voyelle antérieure.

Le phonème /r/

Il est identifié par les rapprochements suivants :

r/t *Supra*
r/d *Supra*
r/nd *Supra*
r/n *Supra*
r/l *Supra*

/r/ se réalise comme une vibrante apico-alvéolaire à plusieurs battements.

Le phonème /s/

Il est identifié par les rapprochements suivants :

s/t *Supra*

s/ʃ

kúsìgà	"laisser, oublier"	kúʃìgà	"vivre en dépendance chez quelqu'un"
kúsíngà	"produire du feu en frottant l'un contre l'autre deux bâtonnets"	kúʃíngà	"planter un poteau"
kúsònà	"coudre"	kúʃònà	"monter, grimper"
kúsòmbà	"apporter"	kúʃòmbà	"haïr, détester"
kúsúumà	"s'avancer vers quelqu'un pour le gifler"	kúʃúumà	"mentir"

s/z

másù	"yeux"	mázù	"voix"
kúhùsà	"relever un piège tendu"	kúhùzà	"faire semblant"
kúhúusá	"souffler"	kúhúuzá	"vanter, louer"
kúsìgà	"laisser"	kúzìgà	"être d'accord; aimer"
kúsíhà	"faire la sourde oreille"	kúzíhà	"siffler"
kúsíndà	"frotter"	kúzíndà	"venir après"

s/nz

sígà	"laisse !"	**nzígà**	"laisse-moi !"
kúsíndà	"essuyer"	**kúnzíndà**	"m'essuyer"
kúsáazá	"renvoyer"	**kúnzáazá**	"me renvoyer"
kúsíimà	"aimer" (libre)	**kúnzíimà**	"m'aimer"
kúsísímúlà	"réveiller"	**kúnzísímúlà**	"me réveiller"
kúsúkà	"tresser"	**kúnzúkà**	"me tresser les cheveux"

/s/ est réalisé comme une fricative apico-prépalatale, sourde.

Le phonème /z/

Il est identifié par les rapprochements suivants :

z/d *Supra*

z/j

kúzámúlà	"élever, hisser"	**kújámúlà**	"souffrir d'une plaie"
zímbà	"vole, volez !" (dérobez !)	**jímbà**	"grosse joue" (péj.)
(ímànà) zámbà	"la chance me sourit"	**jámbà**	"maigrissez !"

z/s *Supra*

z/nz

kúzízá	"faire abandonner"	**kúnzízá**	"me faire abandonner"
kúzìngà	"emballer"	**kúnzìngà**	"m'emballer, me ligoter"
kúzíndà	"venir après"	**kúnzíndà**	"m'essuyer"
kúzìbúlà	"piquer" (sp. insecte)	**kúnzìbúlà**	"me piquer"
kúzírà	"abandonner, refuser"	**kúnzírà**	"m'abandonner, me refuser"

/z/ est réalisé comme une fricative apico-prépalatale, sonore.

Le phonème /nz/

Il est identifié par les rapprochements suivants :

nz/nd *Supra*

nz/nj

kúnzìgà	"me laisser"	**kúnjìgà**	"être hébergé"

nzímbè	"que je vole"	njímbè	"que je creuse"
kúnzírà	"me refuser"	kúnjírà	"sur le chemin"

nz/s *Supra*

nz/z *Supra*

/nz/ est une occlusive mi-nasale, mi-orale, articulée dans la région prépalatale et toujours sonore.

Le phonème /ʃ/

Il est identifié par les rapprochements suivants :

ʃ/s *Supra*

ʃ/k

kúʃàlà	"vomir"	kúkàlà	"circoncire"
kúʃémà	"manger gloutonnement"	kúkémà	"tailler la paille du toit d'une maison"
kúʃúumà	"mentir"	kúkúumà	"grogner"
kúʃìnà	"caresser"	kúkìnà	"danser"
kúʃómà	"se droguer, boire avec excès"	kúkómà	"atteindre la maturité"
kúʃánà	"construire un nid"	kúkánà	"tirer une corde"

ʃ/j

múʃá	"pointe d'une faucille"	mújá	"esclave"
kúʃònà	"monter"	kújònà	"uriner" (sp. chien)
kúʃáagà	"se mettre de côté par respect"; "s'écarter"	kújáagà	"disperser, mettre n'importe où"
kúʃándà	"fixer le toit d'une maison"	kújándà	"abandonner"
kúʃíngà	"planter" (un poteau)	kújíngà	"ne pas avoir de clients"
kúʃùngà	"faire un mauvais fétiche devant la porte d'une maison la nuit"	kújùngà	"tituber"
kúʃőngà	"montrer du doigt"	kujongà	"fondre"

ʃ/nj

kúʃáagà	"se mettre de côté par respect"	kúnjáagà	"s'écarter pour me respecter"
ʃángà	"amulette"	njángà	"fretins secs"

kúʃòojà	"ramer"	kúnjòojà	"me faire traverser en pirogue"
kúʃóngà	"montrer du doigt"	kúnjóngà	"me montrer du doigt"
kúʃáagà	"respecter"	kúnjáagà	"me respecter"

ʃ /ny

ʃókò	"gorille"	nyókò	"ta mère"
kúʃóngéerà	"ajouter"	kúnyóngéerà	"m'ajouter"
kúʃólà	"jouer au sombi"	kúnyóolà	"tordre un habit"

ʃ /y

kúʃáakà	"faire des scarifications"	kúyáakà	"s'allumer" (feu)
kúʃáagà	"quitter" (2e sens)	kúyáagà	"être ensorcelé"
kúʃóbà	"être mal habillé"	kúyóbà	"oublier" (E. Rwanda)
kúʃáaʃà	1. "écrire rapidement" 2. "trancher un objet"	kúyáayà	"récolter (coton, manioc, légumes)"
kúʃáasà	"faire jouer"	kúyáasá	"allumer"

/ʃ/ est réalisé comme une chuintante palatale sourde.

Le phonème /j/

Il est identifié par les rapprochements suivants :

j / z *Supra*

j / g

kújómbà	"donner plusieurs coups de bâton"	kúgómbà	"ployer"
kúmújínà	"par haine"	kúmúgínà	"sur la termitière"
kújóokà	"fondre"	kúgóokà	"se pencher"
kújùgúmbà	"bouger en parlant d'un liquide dans un récipient"	kúgùgúmbà	"porter des fardeaux importants"

j / ʃ *Supra*

j / nj

kújáagà	"dispenser, mettre n'importe où"	kúnjáagà	"s'écarter pour me respecter"
kújándà	"abandonner"	kúnjándà	"m'abandonner"
kújígà	1. "grincer, écraser" 2. "abîmer la partie tranchante d'un couteau"	kúnjígà	"m'écraser"

kújínɪ́kɪ́rà	"haïr"	kúnjínɪ́kɪ́rà	"me haïr"
kújáagà	"éparpiller"	kúnjáagà	"me respecter"
jómbà	"donne des coups de bâton !"	njómbà	"donne-moi des coups de bâton !"

j/ny

jámà	"gémis !"	nyámà	"viande"
kújógómbà	"uriner souvent" (enfant)	kúnyógómbà	"marcher en se dandinant"
kújògómbà	"rentrer tout penaud"	kúnyògómbà	"venir ou rentrer" (idée de mépris)
jèjè	"insecte" (sp.)	nyèjè	"cancrelat"

j/y

jímbà	"grosse joue"	yímbà	"chantez"
kújándà	"abandonner"	kúyándà	"étaler les marchandises"
kújínɪ́kɪ́rà	"haïr"	kúyínɪ́kɪ́rà	"remettre un piège en place"
kíjágà	"flaque"	kíyágà	"personne prête pour le culte des ancêtres"

/j/ est réalisé comme une chuintante, palatale, sonore.

Le phonème /nj/

Il est identifié par les rapprochements suivants :

nj/nz *Supra*

nj/ng

njóndò	"taquinerie"	ngóndò	"dot"
njábà	"demande-moi !"	ngábà	"jette-moi !"
njáàbà	"détruisez-moi !" (sens figuré)	ngáàbà	"prête-moi !"
kúnjémbà	"m'insulter"	kúngémbà	"me couper en morceau, me tuer" (sens figuré)
njômbá	"hais-moi !"	ngômbá	"essaie de tout gagner"
kújíngà	"faites-moi traîner"	kúngíngà	"m'empêcher de voir"

nj/ʃ *Supra*
nj/j *Supra*
nj/ny

njángè	"que je mélange ?"	nyángè	"que je me marie ?"
njóngè	"que je taille ?"	nyóngè	"que je traite"
njímbè	"que je creuse"	nyímbè	"puis-je chanter ?"
kúnjákúlà	"me rechercher"	kúnyákúlà	"piller"

nj/y

kúnjándà	"m'abandonner"	kúyándà	"étaler le poisson"
kúnjáasá	"me faire jouer"	kúyáasá	"allumer"
kúnjángà	"sur le fretin"	kúyángà	"épouser"
kúnjíigà	"me mettre de l'huile sur le corps"	kúyìigà	"apprendre"

/nj/ est réalisé comme une occlusive, mi-nasale, mi-orale, palatale, sonore.

Le phonème /ny/

Il est identifié par les rapprochements suivants :

ny/n *Supra*
ny/ʃ *Supra*
ny/j *Supra*
ny/nj *Supra*
ny/y

kúnyìmbà	"être soi-même injurié"	kúyìmbà	"s'injurier en chantant et en dansant"
kúnyángà	"m'épouser"	kúyángà	"épouser"
nyéhè	"c'est moi"	yéhè	"c'est lui"
kúnyìmúlà	"me chasser"	kúyìimúlà	"chasser"
kúnyòngà	"me téter"	kúyòngà	"téter"

/ny/ est réalisé comme une nasale dorso-palatale.

Le phonème /y/

Il est identifié par les rapprochements suivants :

y/l *Supra*

y/h

kúyáanà	"meugler"	kúháanà	"donner"
kúyìmbà	"chanter"	kúhìmbà	"avoir de la nourriture en abondance"
kúyóolà	"ramasser"	kúhóolà	"déféquer" (sp. chien)
kúyáasá	"allumer"	kúháasá	"transgresser"

y/ʃ *Supra*
y/j *Supra*
y/nj *Supra*
y/ny *Supra*

Le phonème /y/ est réalisé comme une continue dorso-palatale, sonore. Son caractère consonantique ne fait pas de doute. En effet, nous savons que la succession CYV entraîne l'allongement de la voyelle. Si, comme c'est le cas dans CVY<u>V</u>CV, la voyelle soulignée n'est pas allongée, nous avons un argument fort pour dire qu'il existe deux types de son [y] : l'un semi-voyelle, l'autre consonne. L'un et l'autre n'entrent pas dans les mêmes paradigmes et ne sont pas à opposer. Ces mêmes remarques s'appliquent à [w].

Le phonème /k/

Il est identifié par les rapprochements suivants :

k/ʃ *Supra*
k/g

kúbùkà	"soigner"	kúbùgà	"enduire"
kúkàbà	"jeter"	kúgàbà	"s'enorgueillir"
ómúkénì	"le pauvre"	ómúgénì	"l'étranger, le visiteur"
kúkóorà	"tirer des fibres"	kúgóorà	"peiner"
múkàzì	"femme"	múgàzì	"montagne"
kúʃákà	"sacrifier"	kúʃáagà	"quitter"

k/ng

kóonà	"tournant, virage"	ngóonà	"crocodile"
kúlúkà	"fabriquer des vans, des nattes"	kúlúngà	"assaisonner"
kúkàbà	"jeter"	kúngàbà	"me jeter"

kúkíngà	"protéger"	kúngíngà	"me protéger"
kúkèmà	"appeler à l'aide d'un signal"	kúngèmà	"me faire un signal"
kúkùndà	"aimer"	kúngùndà	"m'aimer"

k/h

kúkíndà	"enfoncer"	kúhíndà	"rabattre et rassembler le troupeau"
kúkúulà	"déraciner"	kúhúulà	"piler"
íkíngà	"bicyclette"	íhíngà	"maladie" (sp. femme)
àkùlà	"il grandit"	àhùlà	"il s'affaiblit"
kúkòlà	"travailler"	kúhòlà	"s'évanouir"

/k/ est réalisé comme une occlusive vélaire sourde, orale, légèrement aspirée.

Le phonème /g/

Il est identifié par les rapprochements suivants :

g/j *Supra*
g/k *Supra*
g/ng

mbógò	"buffle"	mbóngò	"antilope"
kúgágà	"être mal fermenté"	kúgángà	"uriner" (sp. vache)
kúgóngà	"écraser"	kúngóngà	"m'écraser"
kúgùgúmbà	"porter"	kúngùgúmbà	"me porter"
kúgámbà	"critiquer quelqu'un"	kúngámbà	"me critiquer"

g/h

góoʃì	"tout"	hóoʃì	"partout"
gálà	"enrichissez-vous !"	hálà	"loin"
kúgúmbà	"devenir stérile"	kúhúmbà	"creuser"
ígíngà	"oeuf non fécondé"	íhíngà	"maladie" (sp. femme)
kúgàmbà	"dégoûter"	húhàmbà	"enterrer"
kígámbà	"cercle formé en dansant"	kíhámbà	"grand couteau"
kúgàlà	"devenir riche"	kúhàlà	"laisser quelque chose à quelqu'un"

Le phonème /g/ est réalisé comme une occlusive vélaire, sonore, orale.

Le phonème /ng/

Il est identifié par les rapprochements suivants :

ng/nj *Supra*
ng/k *Supra*
ng/g *Supra*
ng/h

ngîndá	"enfoncez-moi"	**hîndá**	"rassemblez le troupeau"
kúngàmbà	"me dégoûter"	**kúhàmbà**	"charger des bagages"
kúngùmà	"border" ; "me faire un bon lit lorsque je suis malade"	**kúhùmà**	"toucher"
kúngìngà	"me surpasser"	**kúhìngà**	"aller au champ"

Le phonème /ng/ est réalisé comme une occlusive mi-nasale, mi-orale, articulée dans la région postpalatale et toujours sonore.

Le phonème /h/

Il est identifié par les rapprochements suivants :

h/y *Supra*
h/k *Supra*
h/g *Supra*
h/ng *Supra*

Le phonème /h/ est réalisé comme une continue laryngale.

II.2. DEFINITION ET CLASSEMENT DES PHONEMES CONSONANTIQUES

Définition :

p
- bilabial (p/f) ;
- sourd (p/b) ;
- non nasal (p/mb, p/m) ;
- non continu (p/w).

b
- bilabial (b/v) ;
- sonore (b/p) ;
- non nasal (b/mb, b/m) ;
- non continu (b/w).

mb
- bilabial (mb/mv) ;
- nasal (mb/p, mb/b, mb/w) ;
- mi-nasal (mb/m).

m
- bilabial (m/n) ;
- nasal (m/p, m/b, m/w) ;
- non mi-nasal (m/mb).

w
- bilabial (w/l) ;
- continu (w/p, w/b, w/mb, w/m).

f
- labio-dental (f/p, f/t) ;
- sourd (f/v) ;
- non nasal (f/mv).

v - labio-dental (v/b, v/d) ;
- sonore (v/f) ;
- non nasal (v/mv).

mv - labio-dental (mv/mb, mv/nd) ;
- nasal (mv/f, mv/v).

t - apico-dental (t/f, t/s) ;
- sourd (t/d) ;
- non nasal (t/nd, t/n) ;
- non continu (t/l) ;
- non vibrant (t/r).

d - apico-dental (d/v, d/z) ;
- sonore (d/t) ;
- non nasal (d/nd, d/n) ;
- non continu (d/l) ;
- non vibrant (d/r).

nd - apico-dental (nd/mv, nd/nz) ;
- nasal (nd/t, nd/d, nd/l, nd/r) ;
- mi nasal (nd/n).

n - apico-dental (n/m, n/ny) ;
- nasal (n/t, n/d, n/l, n/r) ;
- non mi-nasal (n/nd).

l - apico-dental (l/w, l/y) ;
- continue (l/t, l/d, l/nd, l/n) ;
- non vibrant (l/r).

r - vibrant (r/t, r/d, r/nd, r/n, r/l).

s - apico-alvéolaire (s/t, s/ʃ)
- sourd (s/z) ;
- non nasal (s/nz).

z - apico-alvéolaire (z/d, z/j) ;
- sonore (z/s) ;
- non nasal (z/nz).

nz - apico-alvéolaire (nz/nd, nz/nj) ;
- nasal (nz/s, nz/z).

ʃ - palatal (ʃ/s, ʃ/k) ;
- sourd (ʃ/j) ;
- non nasal (ʃ/nj, ʃ/ny) ;
- non continu (ʃ/y).

j - palatal (j/z, j/g) ;
- sonore (j/ʃ) ;
- non nasal (j/nj, j/ny) ;
- non continu (j/y).

nj - palatal (nj/nz, nj/ng) ;
- nasal (nj/ʃ, nj/j, nj/y) ;
- mi-nasal (nj/ny).

ny - palatal (ny/n) ;
- nasal (ny/ʃ, ny/j, ny/y) ;
- non mi-nasal (ny/nj).

y - palatal (y/l, y/h) ;
- continu (y/ʃ, y/j, y/nj, y/ny).

k - vélaire (k/ʃ) ;
- sourd (k/g) ;
- non nasal (k/ng) ;
- non continu (k/h).

g - vélaire (g/j) ;
- sonore (g/k) ;
- non nasal (g/ng) :
- non continu (g/h).

ng - vélaire (ng/nj) ;
- nasal (ng/k, ng/g) ;
- non continu (ng/h).

h - vélaire (h/y) ;
- continu (h/k, h/g, h/ng).

Avec ses six ordres et ses six séries, le système dukifuliru volontairement synchronique est ici présenté sans souci del'aspect phonétique puisque les fricatives et les occlusives entrent dans unecorrélation de sonorité.

Classement des consonnes :

	Bilabiales	*Labio-dentales*	*Apico-dentales*	*Apico-alvéolaires*	*Pala-tales*	*Vélai-res*
sourdes	p	f	t	s	ʃ	k
sonores	b	v	d	z	j	g
mi-nasales	mb	mv	nb	nz	nj	ng
nasales	m		n		ny	
continues	w		l		y	h
vibrante			r			

III. ANALYSE DISTRIBUTIONNELLE ET PARADIGMATIQUE DES VOYELLES

III.1. [w] et [y]

Les éléments /w/ et /y/ ont été placés dans la classe des consonnes, comme le montrait le tableau précédent. Le fait qu'ils ne sont pas porteurs de tons, qu'ils peuvent commuter avec des consonnes et jamais avec des voyelles (ceci est très clair dans une structure CVYV) nous a fait admettre la chose.

Les voyelles /w/ et /y/ ont été placés dans la classe des consonnes comme le montrait le tableau précédent. Le fait qu'ils ne sont pas porteurs de tons, qu'ils peuvent commuter avec des consonnes et jamais avec des voyelles (c'est très clair dans une structure CVYV) nous a fait admettre la chose.

Mais les sons [w] et [y] apparaissent en d'autres contextes $C_{y}^{w}V$. Ils sont alors envisagés dans ce chapitre.

Dans ce contexte, il n'est guère pensable de les interpréter comme des consonnes ou bien CwV et CyV seraient les seuls groupes consonantiques rencontrés dans la langue.

Ils peuvent être considérés comme des variantes combinatoires des voyelles /u/ et /i/ dans ces contextes. Et, il est vrai qu'ils sont en distribution complémentaire par rapport aux voyelles articulées au même point.

Si CwV, V ne sera jamais /u/.

Si CyV, V ne sera jamais /i/.

Qui plus est, dans une structure CwV apparaissent des modulations qui n'existent pas sur CV; on peut donc soupçonner le caractère intoné de w et y.

Cependant, par tradition, nous continuons à les appeler des semi-voyelles, sans se poser le problème d'une économie d'éléments vocaliques : cinq voyelles seulement, au lieu de sept éléments (cinq voyelles et deux semi-voyelles).

III.2. VOYELLES LONGUES ET VOYELLES BREVES

La structure du noyau vocalique est donc : V_1 V_2 , dans laquelle V_1 est une semi-voyelle /y/ ou /w/, et V_2 une voyelle brève phonologiquement.

V_2 peut être longue ou brève en l'absence de la semi-voyelle. Le kifuliru, comme les langues bantoues du groupe J (classement de Tervuren) présente un système vocalique à cinq voyelles brèves (i, e, a, o, u) et cinq voyelles longues que nous transcrivons par le doublement de la voyelle (ii, ee, aa, uu, oo).

Il convient de remarquer qu'il existe deux types de voyelles longues qui, si sur le plan phonétique sont sensiblement de même durée, n'ont pas le même statut phonologique. En certains cas, en effet, la longueur est prévisible, liée à la nature de l'entourage pré- ou post-vocalique. Si la voyelle est précédée d'une consonne + une semi-voyelle ou si elle est suivie d'une mi-nasale, elle se réalisera longue :

CwV → CwVV

VNC → VVNC

Néanmoins, en finale de mot, le contexte consonne + semi-voyelle n'entraîne pas un allongement de la voyelle. Exemple :

[kútízíβwá] "être demandé en mariage"

[kúlúhyá] "fatiguer quelqu'un"

Le caractère prévisible de cet allongement nous autorise à ne pas le transcrire phonologiquement. Dans cette position, nous avons une neutralisation de l'opposition voyelles longues / voyelles brèves, puisque nous ne rencontrons jamais de voyelles brèves. Nous avons donc cinq archiphonèmes : I, E, A, U, O.

Pour illustrer ces trois types de longueur des voyelles, voici en exemple le mot "cercle" qui les renferme à lui tout seul :

"cercle" ómúhíndùukò

brèves — longue non pertinente — longue pertinente

III.3. PRESENTATION DES OPPOSITIONS VOCALIQUES

- Phonèmes vocaliques brefs.

Le phonème /i/

Il est identifié par les rapprochements suivants :

i / e

kúlímà	"cultiver"	kúlémà	"se rassembler"
kúlízá	"rendre triste, faire pleurer"	kúlézá	"faire bercer"
kúlímíilízá	"travailler énormément chez quelqu'un pour obtenir des vivres"	kúléméelézá	"accepter des mensonges"
mwínà	"trou"	mwénà	"faim"
nyíjì	"rivières"	nyíjè	"que je vienne"

i / a

mwínà	"trou"	mwánà	"enfant"
kúʃíkúlà	"déraciner"	kúʃákúlà	"chercher"
kúhíndúulà	"rassembler le troupeau"	kúhándúulà	"enlever une épine"
másì	"poils de la queue d'une vache"	másà	"coup contre une pierre"
íngì	"lequel"	íngà	"prends !"

i / u

másì	"poils de la queue d'une vache"	másù	"yeux"
kúfíndà	"serrer, étouffer"	kúfúndà	"introduire"
lúhì	"gifle"	lúhù	"peau (d'animal)"
bíndù	"biens"	búndù	"pâte"
ómwìrù	"le noir"	ómwèrù	"le blanc"
kízìgà	"cadavre"	kúzìgà	"aimer passionnément"

Le phonème /i/ se réalise comme une voyelle antérieure, étirée, de premier degré d'aperture.

Le phonème /e/

Il est identifié par les rapprochements suivants :

e/i *Supra*

e/a

mwénà	"faim"	mwánà	"enfant"
kúʃébà	"tamiser"	kúʃábà	"demander une fille en mariage"
mwêmà	"albinos"	mwâmà	"ennui"
kúbègà	"raser"	kúbàgà	"tresser"
kúhèngámà	"courber"	kúhàngámà	"s'accrocher"
íhèmbè	"corne"	íhèmbà	"sorgo"
kúgéndà	"marcher"	kúgándà	"être épuisé, ne plus marcher (sp. animaux)"

e/o

ébúhyà	"maison des futurs époux", "maison où l'on fait la noce"	óbúhyà	"le mariage"
élúmóʃó	"vers la gauche"	ólúmóʃó	"la main gauche"
kúfyèngà	"amincir"	kúfyòngà	"saisir quelqu'un par la gorge pour l'étouffer"
kúkénà	"s'appauvrir"	kúkónà	"attacher fortement garoter"
mwézì	"lune"	mwózì	"nageur"
ngéndò	"marche"	ngóndò	"dot"
nzígè	"sauterelle"	nzígò	"haine"

Le phonème /e/ se réalise comme une voyelle antérieure étirée de deuxième degré d'aperture.

Le phonème /a/

Il est identifié par les rapprochements suivants :

a/e *Supra*

a/o

kúhándà	"loger"	kúhóndà	"écraser"
kútábà	"abîmer"	kútóbà	"malaxer"
kúhàmà	"déménager, déloger"	kúhòmà	"mettre de la terre sur la case"

kúkùmà	"rendre lisse la pâte"	kúkàmà	"coin"
kúgángà	"uriner (en parlant des animaux)"	kúgóngà	"gémir"
kúvwámà	"pénétrer par l'humidité"	kúvwómà	"puiser"

Le phonème /a/ se réalise comme une voyelle centrale, ni arrondie, ni étirée de troisième degré d'aperture.

Le phonème /u/

Il est identifié par les rapprochements suivants :

u/o

kúhùmà	"toucher"	kúhòmà	"mettre de la terre sur une maison"
súmù	"poison"	súmò	"achat de vivres"
kútùlà	"trouer"	kútòlà	"couper"
kútùmà	"envoyer"	kútòmà	"goûter"
kúhúmbà	"creuser"	kúhómbà	"subir une perte financière"

u/a

kúhùmà	"toucher"	kúhàmà	"déménager"
búndù	"pâte"	bándù	"personnes, gens"
kúkùmà	"aplanir"	kúkàmà	"sécher"
ɬtùmù	"lance"	ɬtàmà	"joue"
músì	"nerf"	másì	"poils de la queue d'une vache"

u/i *Supra*

Le phonème /u/ se réalise comme une voyelle postérieure et arrondie de premier degré d'aperture.

Le phonème /o/

Il est identifié par les rapprochements suivants :

o/u *Supra*

o/e *Supra*

o/a *Supra*

Le phonème /o/ est réalisé comme une voyelle postérieure et arrondie de deuxième degré d'aperture.

Phonèmes vocaliques longs.

ii/i

kútíizá	"prêter"	kútízá	"demander une fille en mariage"
híigúlù	"en haut"	hígúlù	"jambe" - diminutif - sens-péjoratif
míikò	"louches"	míkò	"sang" (*plur.*)
kúmíirà	"verser de l'eau"	kúmírà	"avaler"
kúníihà	1. "ne pas convenir" 2. "être insuffisant"	kúníhà	"gémir"

ee/e

kúhéekà	"porter dans le dos"	kúhékà	"toucher à sa fin"
kútéekà	"ne plus produire de lait" (sp. vache)	kútékà	"tendre une embuscade" ou "s'emparer des vaincus"
kúkéemà	"briller"	kúkémà	"appeler quelqu'un par un signede la main"
múgéezì	"passant, voyageur"	múgézì	"ruisseau après lapluie"
kúléerà	"planer"	kúlérà	"élever un enfant"

aa/a

múkàazì	"brasseur"	múkàzì	"femme"
kúháanà	"donner"	kúhánà	"punir"
máatà	"mangez" (sans lapâte)	mátà	"lait"
kúʃáaʃà	"écrire rapidement"	kúʃáʃà	"préparer l'endroit où l'on va dormir"

uu/u

kúhúulà	"piler"	kúhúlà	"rendre mou" / "s'user"
kúhúunà	"demander, mendier"	kúhúnà	"se révolter"
mútùuzì	"éleveur"	mútùzì	"forgeron"
kúfúukà	"échapper à la mort"	kúfúkà	"verser"
kúdúkúulà	"enlever le venin"	kúdúkúlà	"rougir"

oo/o

kúgólóokà	"vomir en abondance et souvent"	kúgólókà	"se tenir droit"
kúgóokà	"souffrir, avoir des ennuis"	kúgókà	"se courber"

- Semi-voyelles.

mwákà	"année"	myákà	"années"
mwâmà	"ennui"	myâmà	"ennuis"
mwéndà	"dette"	myéndà	"dettes"

III.4. DEFINITION ET CLASSEMENT DES PHONEMES VOCALIQUES

Définition

i
- antérieur (i/u);
- 1er degré d'aperture (i/e, i/a);
- bref (i/ii).

e
- antérieur (e/o);
- 2e degré d'aperture (e/i, e/a);
- bref (e/ee).

a
- 3e degré d'aperture (a/e, a/o);
- bref (a/aa).

u
- postérieur (u/i);
- 1er degré d'aperture (u/o, u/a);
- bref (u/uu).

o
- postérieur (o/e);
- 2e degré d'aperture (o/u, o/a);
- bref (o/oo).

ii
- long (ii/i);
- antérieur (ii/uu);
- 1er degré d'aperture (ii/ee, ii/aa).

ee
- long (ee/e);
- antérieur (ee/oo);
- 2e degré d'aperture (ee/ii, ee/aa).

aa
- long (aa/a);
- 3e degré d'aperture (aa/ee, aa/oo).

uu
- long (uu/u);
- postérieur (uu/ii);
- 1er degré d'aperture (uu/oo, uu/aa).

oo
- long (oo/o);
- postérieur (oo/ee);
- 2e degré d'aperture (oo/uu, oo/aa).

Classement des voyelles

Les voyelles se répartissent en voyelles brèves et voyelles longues. L'opposition antérieure/postérieure et le critère de degré d'aperture sont utilisés au sein de chaque groupe.

- Voyelles brèves :

	Antérieures		Postérieures
1er degré d'aperture	i		u
2e degré d'aperture	e		o
3e degré d'aperture		a	

- Voyelles longues :

	Antérieures		Postérieures
1er degré d'aperture	ii		uu
2e degré d'aperture	ee		oo
3e degré d'aperture		aa	

IV. PROSODIE

La chaîne supra-segmentale présente des difficultés beaucoup plus grandes que la chaîne segmentale. A l'écoute de cette langue, on est frappé par la diversité des registres. Et très vite les signes font défaut pour les transcrire. D'ailleurs, on serait tenté de ne plus transcrire les hauteurs que l'on représente généralement ainsi [-́] pour un registre haut et [-̀] pour un registre bas, mais les courbes mélodiques qui rendent mieux compte des nuances de cette langue.

Ce désir d'un autre tracé mélodique ne doit pas nous faire oublier qu'il s'agit d'un tracé phonétique et qu'il est nécessaire de faire une recherche du système de cette mélodie, c'est-à-dire une recherche phonologique. On verra que la richesse des données phonétiques est dans un rapport inverse avec la simplicité de l'explication phonologique, mais que l'élaboration phonologique nécessite une attention toute particulière à l'audition, à l'aspect phonétique, sous peine d'en rester à un niveau édulcoré de l'aspect phonétique qui, comme cause d'un effet, ne permettrait pas d'atteindre une explication phonologique convenable.

Nous prenons comme premier exemple la première phrase d'un conte que nous avons transcrit.

námáhìrìbòngè àlì múnyéré mwîjà bwènènè múkàaya kóshì
"Namahiribonge était une fille belle dans tout le village"

H-H-B-B-B-B B-B H-H-H HB-B B-B-B H-B-B H-B

Niveau										
10	nama									
9				munyere mwí						
8						mu				
7		hi							ko	
6										
5							ka			
4			ribonge ali							
3					ja bwenene					
2								ya		
1										chi

La première phrase, en kufuliru, est transcrite phonologiquement (H = haut, B = bas).

Le schéma qui suit est une représentation phonétique de cette même phrase et donc une représentation des réalisations des deux tons, haut et bas, pertinents de la langue.

La disparité des réalisations tonales apparaît ici très clairement; on en dénombre une dizaine.

Si l'on examine attentivement ces registres, on constate que la courbe mélodique est descendante. Ainsi, le kifuliru, comme d'autres langues africaines, bantoues ou non[7] connaît le phénomène des terrasses tonales ou "downdrift".

L'hétérogénéité des faits se laisse analyser avec deux tons phonologiques ton haut et ton bas. Les autres registres ressortissent au domaine phonétique sous deux aspects :

1. existence d'un registre moyen prévisible.
2. existence de terrasses tonales.

1. L'existence de cette réalisation moyenne [-] apparaît dans les mots suivants de la première phrase prise initialement en exemple :

[námáhīrìbòngè], [mwíjà], [múkāayà]

Ce registre est toujours prévisible car il est toujours attesté entre un ton haut et un ton bas. La preuve en est donnée par l'exemple suivant :

/kúgòmà/ "repasser" se réalise [kúgōmà]

7. Cf. l'article de GUARISMA Gl., 1976, "Le phénomène de terrasses ou de failles tonales dans quelques langues bantoues du Cameroun" in *Théories et méthodes en linguistique africaine*, SELAF, n° 54-55, p. 43-52, Paris.

Il ne peut s'agir d'un ton haut car /kúgómà/ "faire grève" est attesté tandis que [kúgòmà] ne l'est pas, ni le schème phonétique en général [haut-bas-bas]. Ce registre moyen est donc bien un ton bas.

Il convient de noter qu'un ton bas précédé d'un ton haut demeure bas s'il n'est pas suivi d'un ton bas :

ex : le mot /kóchì/ "tout" finale de phrase dans l'exemple initial.

La règle est donc la suivante : seul le premier ton bas suivant un ton haut est rehaussé.

2. L'existence de terrasses s'explique ainsi : après une descente (haut-bas), aucune remontée ou aucun ton haut suivant ne se réalise sur le même registre que le ton haut précédent mais infra-haut; et tout ton bas qui suivrait l'infra-haut se réaliserait plus bas que le bas précédent. Phonologiquement, ce n'est pas le registre de chaque réalisations, et donc les tons réalisés pris dans leur individualité qui importe, mais les tons dans leurs rapports mutuels. S'il n'en était pas ainsi, les syllabes -hi- et -ko- réalisées sur le même registre n° 7 devraient être reconnues comme supportant le même ton, ce qui n'est pas le cas. Ce qui signifie aussi que deux tons identiques sur le plan phonétique peuvent être différents phonologiquement. C'est donc bien le contexte d'apparition des différents registres, plus que les registres eux-mêmes, qui, dans ce cas, est fondamental.

Les terrasses tonales sont donc en kifuliru un phénomène phonétique absolument prévisible qui se manifeste aussi bien au niveau du mot qu'au niveau du syntagme ou de la phrase.

Exemples au niveau du mot :

mwá lì ká zì

mwálìkázì "belle fille"

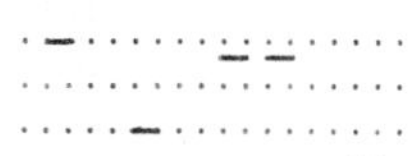

mù lì gáa nò

múlìgáanò "contrat"

kúhùsá "relever un piège"

kú hù sá

kúlùzá "augmenter"

kú lù zá

Exemples au niveau du syntagme :

músònì wè bìráatò "cordonnier"

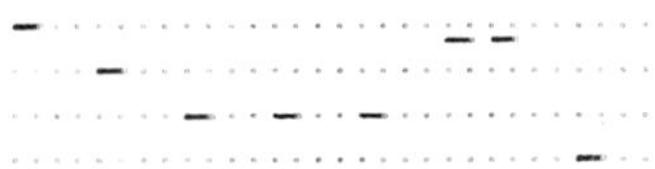

mú sò nì wè bì ráa tò

àtálìmúdèsá "elle n'est pas en train de partir"

à tá lì mú dè sá

Exemples au niveau de la phrase :

àhálálírá ówàbó mbútálwè "il provoque son camarade à la lutte"

à há lá lí rá ó wà bó mbú tá lwè

úmúndù àtàʃàgwá àyìʃágà yénènè "on ne respecte pas un homme, il se respecte lui-même"

ú mú ndù à tà ʃà gwá à yì ʃá gà yé nè nè

Pour certains schèmes pris isolément, nous avons tenté de noter les écarts (ou les registres) à l'aide d'un instrument de musique en écoutant plusieurs fois les réalisations enregistrées aumagnétophone.

Quels que soient les schèmes possibles à partir detrois syllabes (avec deux tons pertinents nous avons huit schèmes) l'écart varie entre *sol* et *ré*. La note *sol* représente le ton le plus basenregistré et *ré* le plus haut.

Il est remarquable que le ton bas ne seréalise jamaistout à fait en *sol*; il en est de même pour le ton haut comme le montrent lesexemples suivants :

B-B-B **kàpùngù** "guérisseur" [*sol-sol-sol♭*]

Le schème ne se maintient pas tout à fait sur le même registre; le dernier est toujours réalisé infra-bas, phénomène classique en fin de mot ou de phrase.

B-B-H **kìdùlé** "lait caillé" [*sol-sol* = (*la♯*) / (*si*)]

Le deuxième ton bas est toujours légèrement plus haut quele précédent préparant ainsi le passage au ton haut. Ilconvient deremarquer que le ton haut ne se réalise que *la♯* ou *si* au lieu de *ré* comme dans les schèmes H-H-H, H-H-B, H-B-H. La présence d'une suite bas-bas précédente doit influencer cette réalisation. Le schème

B-H-B **mùgózì** "corde" [*si* (*do♯*) / (*ré*) *la*]

tendrait à prouver cette hypothèse. Sans la suite bas-bas, le ton bas se réalise plus haut ainsi que le ton haut suivant. Maisces faitssont secondaires en regard de l'écart B-H invariant commun aux deux schèmes. Ainsi :

dans B-B-H, B-H = *sol♯-la♯* ou *si*, soit un ton, et plus souvent un ton et demi; et

dans B-H-B, B-H = *si-do♯* ou *ré*, soit un ton, et plus souvent unton et demi.

Ceci concerne aussi le schème B-H-H.

Donc quels que soient les registres, l'écart entre deuxregistres est analogue; c'est ce que nous systématiserons après avoir passé en revue les autres schèmes.

H-H-H **lúgóndó** "dot" [*ré-ré-ré♭*]

Le dernier ton haut a des difficultés à se maintenir haut de même que le ton bas en finale se réalise toujours infra-bas dansun schème B-B-B. Ce léger affaissement produit une subreptice modulation.

H-H-B **kúchéngà** "parer" [*ré-ré* (*sol♯*) / (*la*)]

comme dans le schème B-H-H, les tons hauts ont une hauteur égale.

H-B-H bútùlé "trou" [*ré-la-si*]

H-B-B kúchèngà "récolter des arachides" [*ré-si-sol#* / *sol*]

Le ton bas réalisé *si* n'a rien d'étonnant. Il représente la réalisation moyenne dont nous avons parlé au cours de l'exposé et qui est la réalisation d'un ton bas entre un ton haut précédent et un ton bas suivant.

Ce ton bas réalisé moyen est à coup sûr à mettre en relation avec le ton bas du schème B-H-B dont le premier ton bas se réalise lui aussi par la note *si*. Par ailleurs, la légère montée du ton bas dans le schème B-B-H où le deuxième ton bas est plus haut que le précédent tendrait à prouver qu'en kifuliru le passage du ton haut en ton bas ou l'inverse ne se fait pas nettement en une cassure bien marquée mais par l'intervention de modulations légères dont il faut bien avouer qu'elles présentent autant d'obstacle à la mise en évidence du système prosodique.

Cependant ces modulations ne sont pas à confondre avec d'autres modulations. Elles doivent être comprises comme des effets de passages d'un ton à l'autre. Tandis que dans, les exemples suivants :

(1) búhyâ "mariage"

(2) rúbôndè "mamelle"

(3) kísuùlè "clignement d'oeil"

la modulation est toujours accompagnée d'une longueur vocalique pertinente (ex. 3) ou prévisible (ex. 1, 2). Elle est interprétée comme la combinaison de deux tons ponctuels que possède la langue, prenant comme argument de base leur point de départ et d'arrivée[8].

Si nous systématisons le relevé des écarts entre deux registres différents, nous nous apercevons que pour un schème descendant, donc entre un ton haut et un ton bas, nous avons toujours un écart musical de deux tons et demi[9], et que pour un schème montant, donc entre un ton bas et un ton haut, nous avons toujours un écart musical d'un ton et demi environ.

---

8. La notation des tons modulés est marquée par les accents circonflexes et les inflexes représentant respectivement les tons descendant et montant.

9. La notion de ton est ici musicale et non linguistique.

Schèmes descendants :

[H-B] - [H-B]	; B- [H-B]	; H- [H-B]	; [H-B] -H;	[H-B] -B
2t $\frac{1}{2}$ 2t.	2t ou 2t $\frac{1}{2}$	2t $\frac{1}{2}$ ou 3t.	2t. $\frac{1}{2}$	1t. $\frac{1}{2}$ ou 2t.

En ce qui concerne le dernier schème, nous avons expliqué son irrégularité apparente. Il s'agit, nous le rappelons, d'un ton bas intermédiaire réalisé "moyen", ce qui explique la différence par rapport à la régularité des autres schèmes du même type.

Schèmes montants :

B- [B-H] ;	[B-H] -B ;	[B-H] -H ;	H- [B-H]
1t $\frac{1}{2}$	1t $\frac{1}{2}$	1t $\frac{1}{2}$	1t.

Nous relevons pour le schème H-B-H une irrégularité ; elle ne signifie pas que le phénomène est bizarre. Elle peut s'interpréter comme l'effet de la courbe mélodique descendante imposée par les terrasses tonales.

Après cette mise au point des aspects phonétiques et phonologiques nous présentons quelques oppositions tonales :

kúlángà	"garder"	**kúlàngà**	"être excité sexuellement"
kúhámà	"grossir"	**kúhàmà**	"déménager"
óbúlá	"intestin"	**óbúlà**	"longueur"
mútúuzì	"habitant"	**mútùuzì**	"éleveur"

Avant d'achever cette étude il convient de noter l'existence d'un accent absolument prévisible lié à la longueur vocalique elle-même prévisible. Cet allongement vocalique qui apparaît dans les contextes $C^{w}_{y}V$ - ou NCV, donc tout à fait prévisible, n'est pas à confondre avec les voyelles longues non prévisibles. D'ailleurs l'intensité estbeaucoup moins nette pour ces dernières.

kúˈsíindà	"frotter" (longueur et accent prévisibles)
kúhéekà	"porter dans le dos" (longueur pertinente et intensité fort incertaine)

L'étude de cette langue a donc permis de montrer que la hauteur réelle des tons n'est pas phonologiquement pertinente. Ainsi une analyse oppositionnelle classique n'a pas sa raison d'être. Même l'analyse du ton moyen, ici envisagée explicitement selon une procédure paradigmatique, et qui, de ce point de vue n'est pas en accord avec la démarche générale préconisée, peut très bien être envisagée selon la procédure syntagmatique.

C'est donc pour ces raisons que nous ne présentons que quelques oppositions en fin d'étude afin de fournir des éléments de documentation au lecteur.

Donc, s'il y a bien une opposition entre un ton haut et un ton bas, l'analyse des relations tonales passe essentiellement par une analyse syntagmatique. L'analyse syntagmatique des tons, de ce point de vue, présupposerait l'analyse paradigmatique.

Et peut-être, mais ce n'est là qu'une hypothèse qui demanderait à être étayée, que toute analyse supra-segmentale mériterait d'être envisagée sous l'angle des relations contrastives.

Bukavu, 1979.

BIBLIOGRAPHIE

ANGENOT (J.P.) - 1971, *Aspect de la phonétique et de la morphologie de l'Ewondo*, thèse non publiée à Leyde.

BRYAN (M.A.) - 1959, *The Bantu Languages of Africa*, Handbook of African Languages, London, Oxford University Press.

BOUQUIAUX (L.) - 1973, Quelques réflexions sur le système phonologique du Rundi, *Problèmes de phonologie*, IV, Paris, SELAF, n° 38, p. 115-119.

DONEUX (J.L.) - 1971, Deux études sur les interrogatifs en zone J. du bantou, *Annales du Musée Royal d'Afrique Centrale de Tervuren*, (Belgique), 72, p. 121-138.

GUARISMA (G.L.) - 1976, Le phénomène des terrasses ou des failles tonales dans quelques langues bantoues du Cameroun. *Théories et méthodes en linguistique africaine*, SELAF, n° 54-55, p. 43-52.

GUTHRIE (M.) - 1948, *The Classification of the Bantu Languages*, London, Oxford University Press.

- 1967, 1970, 1971, *Comparative Bantu*, London, Gregg International Publishers (4 vol.).

GUTHRIE (M.) et TUCKER (A.N.) - éd., 1956, *Linguistic Survey of the Northern Bantu Borderland*, London, Oxford University Press.

MARTINET (A.) - 1965, *La linguistique synchronique*, Paris, PUF.

MEEUSSEN (A.E.) - 1959, Essai de grammaire rundi, *Annales du Musée Royal du Congo Belge*, sciences de l'homme, Linguistique, vol. 24, Tervuren, p. 9-15.

MUTIMIRA (N.) - 1979, Rapport comparé de l'agriculture et de l'élevage dans la plaine de la Ruzizi, *Amuka*, Bulletin de l'Institut Supérieur du Développement Rural de Bukavu, n° 13, p. 34-36.

TUCKER (A.N.) et BRYAN (M.A.) - 1957, *Linguistic Survey of the Northern Bantu Borderland*, vol. IV, Oxford, University Press.

VAN BULCK (G.) - 1948, *Les recherches linguistiques au Congo Belge*. Mémoire de l'Institut Royal Colonial Belge.

En ce qui concerne la langue fuliru elle-même, outre les notes du Professeur Meeussen réunies à Tervuren dont nous avons déjà parlé, il nous faut signaler les travaux d'étudiants de l'Institut Supérieur de Pédagogie de Bukavu.

MUHEBE RUKABO - 1972, *Les proverbes dans la culture traditionnelle des Bafulero*; Mémoire pour l'obtention du diplôme des gradués. Bukavu.

MUTAMBALA MAHOLOKERA - 1978, *Analyse structurale des contes populaires fuliru* ; Mémoire pour l'obtention du diplôme de licence. Bukavu.

TABLE DES MATIÈRES

Achevé d'imprimer le 10 décembre 1984

sur les presses de la SELAF

5, rue de Marseille - 75010 PARIS